家族連鎖のセラピー

ゲシュタルト療法の視点から

百武正嗣《ももたけ・まさつぐ》

春秋社

はじめに

人には所属する場所がある

私には故郷があります。父と母が眠っている村上というところです。村上というよりも日本海に面した新潟の瀬波温泉と表現したほうが知名度は高いでしょう。村上は地図で見ると新潟の一番北にあり山形県に近い海沿いの町です。お茶が栽培できる北限の地であるとともにサケののぼって来る南限の川が流れているところです。

この町には母親が父親の墓参りに毎年行くので、同行したことが何回かありました。この村上には百武《ももたけ》という姓が多くあります。私たちの百武一族の墓も町外れのお寺の一部にあります。もともとは神道ですから祖先の墓は田んぼのあぜ道にあったようです。それが戦前の法令でお寺に埋葬することが決められ、片隅を借りるようになりました。そして母親は数年前に亡くなりました。九二歳でした。若いころに結核を患ったので体に気をつけたのでしょうか。意外にも長生きでした。その母親も今はこの墓に祀られています。

家族には共有する原風景が存在する

しかし、私の生まれた集落は村上から少し奥の場所だったので、訪れる機会がありませんでした。ある日、姉が同行した折に私たちが生まれた実家があると教えてくれました。村上から車で二〇分くらいのところです。その小さな集落に連れて行ってくれました。本当に田んぼの中に数件しか家がありません。その集落の景色を見た時に、これは私が捜し求めていた「もう一つの風景」だと思ったのです。

私の家族は父の実家であるこの集落に住んでいました。そして終戦の一年後に、父は家族を連れて東京に出て来たのです。私はまだ一人歩きができなかったので、この集落の景色には母親か祖母におんぶされながら接したわけです。それなのに「知っている」という感覚が湧き上がってきたのです。おんぶをされながら見た〈小川と丘のある風景〉は幼い子どもの目にも焼きついていたのでしょうか。

母親は秋田から嫁ぎ、この風景で生活を始めたのです。祖母や祖父はもちろん毎日、生活の中でこの風景を見続けていたのです。百武家の「家族の元風景」は田んぼと小川と丘に囲まれた集落と里山なのです。それを家族が共有しているということがわかります。

家族には変えられないルールがある

私は四〇歳代から、グループで行う心理療法の世界に興味を抱くようになりました。幸いにも、その心理療法を創り上げたフリッツ・パールズとローラ・パールズ夫妻の直接の弟子であったポーラ・バトム女史が日本に滞在していて、彼女からアプローチを一五年ほど学ぶことができました。

そのグループで行われる心理療法の場では、多くの人が**家族関係に苦しみ、怒り、依存している**ことを目のあたりにしてきました。私が家族をテーマにしたのは偶然ではありません。人々の原点である「家族とは何か」を模索するようになったのです。

このように「家族とは何か」ということを考えていた時に興味深い親子の風景に出会いました。初夏のころに伊豆の海に行く機会がありました。私は途中で海を眺めることができるレストランでコーヒーをひとりで飲んでいました。朝早かったので店内には誰もいません。しばらくすると年配の男性が年老いた母親を連れて入ってきました。私と同じように一息つくためのようです。

ところが六〇歳代のその男性は、席に着くなり母親に説教を始めたのです。かなり離れて座っていたのですが「家のことは妻に任せろ」とか「口出するな」と八〇歳過ぎの腰の曲がった母親にきつく当たっている様子がわかります。きっと奥さんから「もう耐えられない」と言われたのでしょうか。彼が母親をドライブに連れ出したのは、このことを伝えるためだったようです。「少しはおとなしくしていろよ」というような意味あいのことを言っています。その腰の曲がった老婆は何も言わずにコーヒーをすすっていました。

ところが彼がトイレに立って、戻ってきた時のことです。その老婆は突然きりりとした声で「手は洗ってきたのか」と彼に詰め寄ったのです。予期せぬ反撃に、彼は思わず「うん」と手を洗って来なかったことを認めるような答え方をしてしまいました。それ以降はすべてが逆転してしまったのです。母親から不意打ちを食らった彼は、子どもの頃の親子関係に戻ってしまったのです。腰の曲がった母親に「おまえは嫁の言いなりになって、しょうがない奴だ」と言われるのを、大きな身体を丸くして聞き入っていました。さすがに母親です。一瞬にして立場を逆転させるタイミングを知っていたのです。

このときの光景は私に「家族とは何か」というヒントをくれました。それは「**家族には変えることのできないルールが存在する**」ということです。家族の法則の一つに「親子の関係は生涯変化しない」ということがあります。どのように歳老いても、母親は母親なのです。息子を「しっかりしなさい」と決め付けていきます。

多くの事例で、この親子の関係が語られてきました。大人に成長した娘や息子は「母親を変えよう」と抵抗します。「しかし、しかし」です。

身体が「動く」

私は同じ頃にヨーガをひとりで始めていました。その影響でフェルデンクライス・メソッドという身体訓練法を学び始めたのです。一〇年くらいしてから不思議なことに気づきました。ひとりでヨーガのポーズをとっていたり、フェルデンクライスのゆっくりとした動きをしていたある日、身体が「動く」ような気がしたのです。その日から自分の身体に意識を向けていると筋肉に特別な感覚が生まれて来ることが分かったのです。その筋肉の感覚に注意を向けるようになりました。しばらく続けていると、その「動く」ような感覚には〈方向〉があり、そのことを身体が示してくれているのが分かりました。

その頃から、身体感覚は今の教育制度では教えていないもっと大事な「何か」を気づかせてくれるのだと思うようになりました。この**身体感覚の声を聴くことで自分の人生はとても楽になっていった**のです。

この身体感覚はグループで行う心理・精神療法にとても役立つことになりました。私は自分が感じていることを自分で確信することができるようになり、グループの中で人々が表現する行為や言葉や動作の意味を直感的に理解することが可能になったからです。

家族のインパスに触れる

家族の共有する体験は時にはとても辛い出来事であったり、悲しみであることがあります。その体験を共有して乗り越えた時、家族の結びつきはさらに深まるのです。しかし、それに対応する心構えや家族の支えが難しい場合もあります。

例えば、家族の目の前でメンバーの一人が突然の事故にあって亡くなった時や、若くして病気に倒れたケースでは、家族がその体験を話し合うことは困難である場合がありま す。家族は他の家族のメンバーを支えてあげたいのですが、抱えている問題が同じなのでその出来事に触れることができなくなってしまうのです。

このような状況は、心理療法では「**インパス**（impasse）」つまり「**行き詰まりの状態**」と言われています。この問題を解決するために互いに支え合いたいのですが、そのことに触れるすべを知らないために家族は苦しみます。家族はこの**暗黙の「見えない緊張」を〈身体の緊張〉として共有していく**のです。問題を解決できないのなら互いのその課題を無意識に共有する家族構造を創りだします。それは家族で「見えない緊張」を持ち続ける選択をしているのかもしれません。

この本では「家族のインパス」が、どのようなシステムとして家族に存在しているのかをいくつかの事例から紹介していくつもりです。また、それらの家族の「見えない緊張」が、どのようにして世代から世代に伝承されていくのかを解き明かしていきたいと思います。無意識に「見えない緊張」を共有しているシステムや方法が明らかになれば、そこから家族は、新しい糸口を発見することができるからです。

家族連鎖のセラピー
——ゲシュタルト療法の視点から

◎目　次

家族連鎖のセラピー

――ゲシュタルト療法の視点から

第1章

家族の風景

1 家族というもの

〈子どもの超感覚的な力〉

私たちには不思議な能力があると思います。数年ほど前の話ですが、私が友人の家に立ち寄った時、家の中に近所の女の子が遊びに入ってきました。まだ保育園か幼稚園に通っている子どもです。彼女は家の中にふらっと入って来て、私の目の前にある観葉植物の大きな葉に触れました。私は思わず「触っちゃだめだよ」と言ってしまいました。そのとたん、その女の子は何も言わずに手を引っ込めて家から外に出て行きました。

しかし私を見つめた目は、ちょっと悲しそうでした。その時に友人の奥さんが「あの子は植物と話せるのよ。小さな生き物が好きで蟻《あり》や昆虫といつも話しているのよ」と教えてくれました。きっと奥さんも野草や自然が好きなので、その女の子も安心して自分の心の中をこの家では見せていたのでしょう。

そのことで、私は自分の娘の出来事を思い出しました。彼女がやはり同じ年頃の時に、夕暮れになってダンゴ虫を両手いっぱいに持って嬉しそうに家の中に帰って来たことがありました。そのとたん、母親から「捨ててきなさい！」と怒られました。翌朝、私が家を出る時、娘が公園の隅にいて一人で遊んでいるのを見つけたので近くに寄ってみました。彼女は私の存在に気がつかずにしゃがみこんでいます。そして何やらぶつぶつと囁《ささや》いています。幼い手の平に何かいるようでした。それは昨日、捨てたダンゴ虫たちです。

彼女はそのダンゴ虫と話しているのです。その時の娘の声には、今まで家の中では聞いたことのないような言葉の響きがありました。まるで喉元から「ゴロゴロ」した声がダンゴ虫とゴロゴロ話し合っているような声なのです。

きっと幼い子どもたちは昆虫や植物とコミュニケーションをとる特殊な能力を生まれながらに持っていて、誰からも教わらずに話しかけたり、触れたり、匂いをかいだりしているのでしょう。

人は植物や動物と話をすることができます。幼い子どもたちのように昆虫などの生き物と会話する能力に限らず、岩や山などと会話する力を持っているのです。人間が進化の過程で動物として与えられた感覚なのだと思えます。

しかし残念なことに、そのような能力があったとしても、現在の社会では大人たちがそれらのコミュニケーション能力に価値を認めていません。また子どもたちを教育するような制度もありません。むしろ大人たちは意味のないこと、馬鹿げたことだと無視するでしょう。そのような態度を親や大人たちが示すのを見て、幼い子どもはあきらめてしまうのです。

このような社会では、子どもたちは特別な能力を開花させるにはいたりません。あるいは自分の隠された能力を自ら放棄してしまうようになるのではないでしょうか。

しかし、そのような能力のすべてが失われるわけではありません。成人になってから、それらの能力とは異なりますが、他の超感覚的な力を開花させたりすることもあります。マズローというアメリカの心理学者が面白いことを言っています。彼は大学の学生に「至高体験」あるいは「神秘的な体験」について、今まで人に話したことのない体験があるか聞きました。数人の学生が手を挙げたので「実際にどのような体験をしたのか」と尋ねました。その学生たちは自分の体験をクラスの中で話しました。すると次のクラスでは、もっと多くの学生が自分の体験について話すようになったということです。

私たちは社会や学校教育、親の価値観によって影響を受けて育ちます。そして今の教育システムの中では取り上げられることのない個人的な「至高体験」や「神秘的」と呼ばれるような体験は、自分自身で無視してしまうか、あり得ない体験として他人に話さないのです。たとえ親しい友人や知人、家族でさえ、分かってもらえるとは思えないからです。

私にも同じような体験があります。私はどちらかというと、そのようなことに無関心でいました。むしろ馬鹿げたこととして興味さえ抱くことがありませんでした。ですから、そのような体験をした時に、自分では〈すごい体験だ〉と感激したほどです。しかし、その体験について他人に話したことはありません。今でも、人が私の体験を理解してくれるとは思えないからです。もしかしたら、その体験を大切にしたいという気持ちがあるので他の人には話をしないのかもしれません。

さて、ここで取り上げていきたいことは「家族」という神秘的なシステムについてです。

ある人たちには信じられない事柄かも知れません。ある人は、その不可思議な体験を目の前にして最初は受け入れるのを躊躇《ちゅうちょ》するでしょう。一方で、ある人にはとても納得がいくことでしょう。これこそ長年、自分が抱えていた〈問題〉の答えであると感動します。

人は一人では生きていけません。一人で生まれて来たわけではありません。常に「家族」という背景を持っています。その家族を憎む人もいます。その家族から逃れたいと思う人もいます。いつまでも家族と一緒に居たいと熱望する人もいます。**どのような生き方をしたとしても、その個人の背後には常に「家族」という存在があります。**何の影響も受けていないと考えている人は、そのようなことを無視してきただけなのかもしれません。

それでは「家族」はどのように人に影響を与えているのでしょうか。また人はどのようなことで「家族」に影響を及ぼしていくのでしょうか。

ケース①　症状は亡き母の形見

数年も前のことですが、ある女性が頭痛を訴えていました。それは特別に激痛が走るとか、痛みで動けなくなるというような症状ではなく、彼女の言葉を用いるならば、慢性的に「頭が重い」とか、「頭がズキンズキンとする」というタイプのものでした。

その頭痛について話しているうちに、彼女は、あることに気づいたのです。それは自分の母親が頭痛持ちだったことです。彼女の母親は、ずいぶんと頭痛に悩まされたようです。

「そういえば幼い頃から私は、母の〈頭が痛い〉という言葉を何度も聞かされていました」

このように語った時、自分の目に何かを懐かしむような光が生まれたのに気づきました。彼女は、顔を少し伏せて、しばらくそれを感じているようでした。誰かと対話しているようでもありました。

「私が頭痛になったのは母親と同じ年になった時からです」
「母親は数年前に亡くなりました」
「私はその母親が亡くなった年齢になったのです」
「私は自分が頭痛になることで母親を思い出していたのです」

彼女は「母親と同じ年頃になって親の気持ちが分かるようになった」と言いました。彼女自身が今、同じように娘を育てているからです。その娘が自分の子ども時代を思い起こさせてくれます。母親に甘えたり、文句をいったり、美味しそうにご飯を食べたり、怒られて泣いたりしています。その姿を見ていると、「自分もこのように母親に見守られていたのだ」と感じたのです。

母親に感謝する気持ちが湧いてくることもありました。しかし、子育ての忙しい日常の中で、一瞬感じとる程度でした。次の瞬間には子育ての現実に引き戻されてしまい、母親との想い出に浸る時間はありません。その想いは多忙な時間の中に消え去る毎日でした。

「私は、もしかしたら母親と同じ頭痛になることで、忙しい子育ての日常の中に母親を呼び寄せていたのかもしれません」

今は、幼い頃に聞いた母親の〈頭がイタカー〉という言葉が心の奥で聞こえてきたことを嬉しく感じています。

このように、この女性は、母の記憶を身体の症状として表していたのです。頭痛の痛みは「母親と一緒に居る」という安心な感覚を呼び起こしてくれていたのです。不思議なことに、そのことに気づいたとき、彼女から頭痛が消えていきました。そして、頭痛にならなくても、母親がいつも自分の身体の内に居ることを感じ取っています。

人は不思議な能力を持っています。しばしば**自分のからだを使って家族の存在を確かめ合う**のです。

2 感情はエネルギー

このような症状でなくても、もっと身近な例をあげてみましょう。

ケース② 母親そっくりな叱り方

ある女性は、自分が母親とそっくりな叱り方を子どもにしていることに気づいてショックを受けたと話してくれました。彼女は幼い頃から、母親のような〈感情的な女〉にはなるまいと自分自身に言い聞かせていたと言います。それがある時、母親とそっくりに〈大きな声〉で子どもを怒鳴りつけている自分に気づいてびっくりしたのです。

彼女の母親は短気で、いつも兄と彼女を怒鳴りつけていました。時には手に持っている茶碗を投げつけられたこともあります。兄は男の子だったので「うるせー」と言い返していました。しかし、私は母親の〈怒鳴り声が怖かった〉のです。母親の機嫌が悪い時は、父親さえ怒鳴りつけていました。「あんたね!!」と母親が金切り声を上げて父親を子どもの前でナジリ飛ばしていたのです。

そんな母親の姿を見て育ったので、〈私は絶対に母のようになるのは嫌だ〉と心に決めていたのです。そのため小学校や中学の時は、友人から「優しい友ちゃん」と言われていたほどです。

ところが結婚して、子どもができると、つい怒りが湧いてきてしまうのです。些細なことでもカッとなってしまうのです。あんなに嫌っていた母親の態度に、日に日に近づいていく自分が嫌でたまりません。どうしたらよいのでしょうか。

そこで私は、**どのような行動でも〈意味がある〉から行っている**、ということを説明しました。私たちは行動を変えようとします。自分の望んでいないことだと思っているからです。しかし、心理学的な視点から見れば、その行動をとり続けることに〈意味がある〉

から、そのような態度や行動、振る舞いをするのです。
その意味に気づかなければ、また同じ行動を繰り返します。理性的に自分の行動を反省して「このような感情的な行動は止めよう」とか、「子どもにとっても私の態度は良いはずがない」と考えても、また怒りが湧いてきてしまうのです。

私は彼女がイライラして子どもを怒鳴りつけるその瞬間、自分が〈何を表現しているか〉ということに注意を向けるように勧めました。もちろん、怒っている時に「**自分を責めたり、反省したりしないように**」、そして「あっ、またやってしまった、と**自分の行動にストップをかけたりしないように**注意してください」とも指示しました。それは、彼女が本当に怒っている時こそ、彼女自身が何をしているのかが分かる瞬間でもあるからです。怒りを子どもに向けている時に、**自分の身体に何が起きているのか**を感じてもらうためです。

〈母のエネルギーを受け継ぐ〉

二週間後に彼女に会った時は、とても穏やかな表情をしていました。どんなことに気づいたのか、私はとても興味をひかれました。彼女が語るには、最初はやはり子どもを叱りつけるときに自分を責めてしまうパターンが出てしまっていたのです。そして母の嫌な感情的な態度を思い出してしまっていたようです。

しかし、二週間目に、思わず怒鳴りつけた瞬間、〈快感が走った〉ことに気づいたのです。「えっ、そんなはずはない」と自分に言い聞かせましたが、確かに心地良い快感が電気のように身体中に走ったのを感じたのです。

それから彼女は、自分の怒りに何か意味があることを感じ始めました。そしてそれは母の背負っていた家族の役割だったことに気づいたのです。彼女の母は商売をしていました。忙しいのはもちろんですが、母が家業の店を切り盛りしていたのです。その店は従業員を雇うほどではなかったのですが、一手に母の才能に頼っていたのです。

家業を継ぐには兄弟の男たちは頼りなく、長女であった母が切り盛りすることになったのです。どのような経過でそのようになったのか、子どもの彼女には分かりませんでしたが、母が「家長」としての権限を持ち、商売を切り盛りする才能があることをみんなが認めていたのでしょう。

そのことに気づいた彼女は、自分自身も母のように仕事をしたいと思っていたことに気づきました。「私には母のような有り余るエネルギーと才能があること」を感じとることができたのです。そしていずれは自分も、母のように十分に表現することのできる仕事を見つけ出すだろう、という予感を持つようになったそうです。

すると不思議なことに、もう二人の子どもたちをうるさいと思わなくなったのです。むしろ子どもはエネルギーの塊であると感じ始めたのです。私のエネルギーを受け継いでいる。私が母親の強いエネルギーを受け継いでいるように、この子どもたちは私の血を受けついだ子どもたちなのだ、と強い愛情を感じたのです。

3 家族の彫刻

私が〈家族〉というテーマを考えるきっかけになったひとつの体験があります。それはもう一五年以上も前の話ですが、世の中で「ひきこもり」とか「登校拒否」という言葉が登場した時代でもあります。

そのころ、筑波大学の稲村博教授（クリスチャン、元・一橋大学教授。医学博士。一九三五～九六）は登校拒否（当時すでに「不登校」という言葉が定着しつつありました）の児童のいる親たちに「家族療法」を行っていました。私もこの問題に興味があったので、稲村教授を招いてセッションを開きました。

ケース③ 家族を見ない父親

――ある男性が「自分の子どもが不登校になっているので悩んでいます」と訴えまし――

た。

その時のアプローチが、とても印象的だったのです。稲村教授は、その男性の家族の構成メンバーを聞きました。そして参加者の中から家族のメンバーの役割を担ってくれる人を選び、グループの前に出て来てもらいました。

その人たちにそれぞれの位置に立ってもらったのです。その時に、家族が互いにどの方向に向いているのかという〈方位〉と、家族同士の互いの〈距離〉を尋ねて、そのように家族メンバーを配置しました。すると、グループの前に示された家族構成の配置は、驚くほどに、その家族の実態を〈見せてくれた〉のです。

母親と小学生の娘は向かい合って互いに顔を見ています。距離もとても近い場所に立っています。中学生の男の子も母親からそれほど離れていない位置に立っています。彼も母親を見ています。妹の横にいます。兄妹は仲が良い関係であるのが見て取れます。

しかし、父親であるその男性の役割の人は、家族の空間から離れて立っていました。そして彼の家族とは関係のない方向を向いていました。一見して父親は家族の輪の中に入っていないことが分かりました。単純な方法でしたが、そのアプローチが示してくれたものはとても意味深いものでした。一瞬にして、その家族の構成がグループに理解できたのでした。

父親は仕事の方向を向き、家族に背を向けて立ち尽くしていたのです。

家族の役割を引き受けていた各人に、稲村教授は「皆さんはそれぞれが家族の〈距離〉と〈方向〉のうえに立っています。そこにいて、どんな感じになりますか」と尋ねました。

母親役の女性は「とても居心地が良い」と答えました。娘役の女性は「母親と距離が近く息苦しい」と答えました。中学生の男の子の役になった男性は「母親と妹が近くに居るので安心するが、やはり母親の力に支配されている感覚があります」と答えました。最後に本人の役をしてくれた男性は「私は自分の興味が仕事に向いていて、家族に意識が向いていない」と答えてくれました。

無言で立っている家族の役割の人たちの〈距離〉と〈方向〉を見ることで、彼の家族に何が起きているのかを誰もが理解することができました。理解したというよりも、家族の本当の姿を〈見た〉のでした。誰もが、小学生の娘が不登校であることを感じ取っていました。そして父親は仕事に熱中していて家族に背を向けていることも一目瞭然に〈見た〉のです。

父親である彼もまた、自分の家族の実態を〈見た〉のでした。一週間後にもう一度、グループの集まりがありました。その時、彼は家族とコミュニケーションをとるために「カラオケに行ったこと」をポツリと語りました。彼の家族は「家族の姿」を見たことで歯車が少し動いたようでした。

このアプローチを稲村教授は「家族彫刻」と呼んでいました。私が家族の人間関係を視覚的に〈距離〉と〈方向〉で立体的に見た、最初のこの場面は、今でも脳裏に焼きついています。

私が、この「家族彫刻」というアプローチに感銘を受けた理由がもう一つありました。それは、**ゲシュタルト療法と全く同じことをしている**という点です。ゲシュタルト療法には、エンプティチェア（空のイス）と呼ばれるアプローチがあります。家族の人間関係や力学関係を見ていくために、父親や母親の「イス（ざぶとん）」を置いてもらいます。そしてあたかもそのイス（ざぶとん）に父親や母親が居るように話しかける対話法です。

イス（ざぶとん）を置いて対話することで、親子の関係や家族の**複雑な関係が、客観的に視覚化される**ので、本人がより深い自己洞察を得ることができるのです。

4 家族は生き続ける

ケース④　死別した子どもと対話する

家族のきずなの強さについて、さらに考えさせられたことがあります。それは、ある地方で「流産・死産をした女性の会」に呼ばれ、参加者の深い体験を聞いた時のことです。

ある女性は、何回も流産を体験しました。そして今は子どもに恵まれて幸せを感じています。それでも「死産したわが子のことで心が痛む」と言うのです。「あの子が生きていてくれれば、と思い出す」と語りました。ある女性は、自分に責任を感じて苦しんでいます。「自分のせいで、この世に生まれてこれなかった子がかわいそうでならない」、と悲しみがこみ上げます。

またある人は夫の暴力で流産になってしまいました。「その子を私は守ってあげられなかった」という無念な思いを二〇年間も心に秘めてきたと語りました。

一人ひとりの人が女性として、母親として、親としての「子どもに対する深い愛情」を語りあいました。その体験を聞きながら、一人ひとりが自分の体験や心の中に秘めていた思いをグループの中で語り「それらの悲しみや苦痛」を共有した時に、奇跡が起きたのです。

最初に語り始めた女性は「あっ、あの子は男の子だったわ」と言いました。小さく叫んだと表現したほうがぴったりしているかも知れません。彼女の目には、はっきりと男の子が見えたようです。私は「その男の子に話しかけるように」と言いました。「そうすると、男の子はにっこり笑ってくれました」と、彼女は喜んでいます。

もう一人の女性は、四年前に死産した子どもと対話をしました。その対話が終わりかけた頃に「あら、この子は四才の女の子に成長しているわ」と、驚きと安堵《あんど》のため息をつきました。不思議なことに、どの子も「生きていれば……」と思っていたその年齢になっていて、母親の前に姿を見せてくれたのです。

そして「もういいよ」と言って笑ってくれる子ども、「さようなら」と微笑んでくれる子ども、「こんなに大きくなったよ」と教えてくる子ども、とさまざまでした。このセッションはそんなに長い時間ではありませんでしたが、私が内心とても感動したことは、母親が子どもとの対話をすすめると、その子どもが成長して「もし生きていたら……」というその年齢になっていく、ということでした。

母親には、その姿を感じる力があるのです。その子どもを見る能力があるのです。人はとても不思議な能力を時に発揮していきます。家族の力、ともいえるかもしれません。家族のメンバーとして生まれてきた子どもは、生死を問わず「家族の中で生き続けていく」ことを知りました。

この〈生き続ける〉という意味は、家族のメンバーとして流産・死産した子どもたちだけが家族の心の中で生き続けるということではありません。大人になって家族から「離れた人」や「音信不通」になったメンバーも含まれます。また、夫婦であることができずに離婚した配偶者の場合も、同じように生き続けているのです。

ここで表現しようとしている〈生き続ける〉ということは、記憶や想い出という過去の体験として存在し続けるという意味ではありません。**文字通り「今―ここ」で、家族とと**

もに〈生き続ける〉のです。

〈未完了にしてきた感情を解く〉

最近では、カウンセリングという言葉に、若い世代は抵抗感をあまり持っていないようです。問題を抱えて悩み苦しんだ末に、その解決を求めてカウンセリングやセラピーに来る人よりも、自分の将来の設計や人生の岐路に対して何かヒントが得られないかと、興味を示してくれる人たちが少しずつ増えているような気がします。

このような時代の流れもあって、企業研修の講座として1コマを受け持った時のことです。私は「企業の**人間関係のトラブルは、その背景の個々の人が未完了にしてきた〈感情〉に関係している**」と説明しました。そして「それぞれの職場で、あなたが苦手としている上司を思い浮かべてください」と言いました。そして、その人があなたに近づいて来る場面を想像してもらいました。次に、好意を持っている上司を思い描いてもらいました。その上司が「あなたに近づいて来る」と想像すると、どんなことが自分のからだに起こるのかを体験してもらったのです。

ケース⑤　会えない父親を求めて

その中で、三〇代前半の若い女性が、自分の感じた意見を述べてくれました。彼女はキャリアウーマンを目指していて、仕事とプライベートな人生は計画通りに進んでいました。彼女の想い描く人生は、努力によって報われているようでした。ただひとつの例外を除けば……。

彼女はこの体験を通じて、苦手な上司も好意的な上司も、母親と重ね合わせていたことに気づきました。

「母親に対する怒りと敬意を二人の上司に投影させていたのだと思います。母親として受け入れられない側面を苦手な上司として捉え、母親としての人間性を認めている側面を好意的な上司に重ね合わせていたのです。そして今、母親の苦手な側面と尊敬している側面が二人の上司と重ね合っていたことが分かった時、私の身体にも変化が起きたのです」

「どんな変化かというと、母親に対する怒りを感じている時は身体の右側に力が入ります。きっと怒っているので、右手の握りこぶしや右肩に力が入るのかしら」と笑いながら伝えてくれます。

「そしてとても不思議なのですが、左は痛みが消えていくような感じがするのです。実は私は左側をいろいろ痛めています。左の手首と左肩と左ひざです。いつもなぜ左側を傷めるのだろうかと考えていました。それが、その好意的な側面を思い浮かべた瞬間に少し温かい血が流れていくような感じがしたのです」

「私の左側は何に反応しているのでしょうか。ちょっと興味があります」

その問いに応えるために「家族は何人ですか」と私は聞きました。

「弟と母親と祖母の四人家族です。実家に祖母と母親が住んでいます。弟は結婚して家庭を持っています」と答えました。彼女は母親とソリが合わないので、大学の時から東京に出てきたようです。そして今も実家にはあまり帰りません。母に会うのが苦痛だからです。

彼女に「父親はどうしましたか」と聞きました。すると「父親は赤ん坊の時に離婚したので会ったことがない」とのことです。

そこで母親について、もう少し詳しく話してもらうことにしました。彼女の言葉によれば母親は女手一つで頑張って子育てをしたようです。どのような理由があるのか分かりませんが、娘が父親と会う機会をつくりませんでした。彼女も父親はいないものとして育ちました。母親は強い女性で、彼女の父親役も果たしました。それだけに、彼女にとっても父親の存在が薄くなっていたのです。

「私には父親はいません」

そのように答えながら、彼女はしきりに左の肘《ひじ》をなでています。そのことに私は気づきました。彼女も私の視線から「左ばかり」という自分の言葉を意識したようです。

「左ばかり、とはどういう意味があるのでしょうか」と今度は私に聞いてきたのです。そのように私に聞きながらも、自分自身に問いかけているようでした。

「そんなはずはありませんが……」

〈感じることで気づきが生まれる〉

彼女は何かを感じ取っているようでした。言葉にならない感覚、センセーションについて、とても意味があることを彼女は知っています。何かを経験しているのですが、そのことを言うのをためらっている感じです。しばらくして……

「左側の方に父親がいる!」

彼女は左側の三メートルくらい離れた部屋の空間をみています。

彼女は戸惑いながらも、自分の見つめている空間の位置に父の存在を感じ取っているのです。そして母に対する感情だと思っていた「悲しみ」「不安」「冷たさ」「いらいら」は父に対するものであることに突然気がついたのです。

彼女は幼い頃から父を求めていました。友達の家のように父が傍に居てくれたらどんなに嬉しいか。しかし、母に父のことについて問いただすことはしませんでした。それは母の態度から、子供心に何かを察していたからです。それでも彼女の父を求める愛情の気持ちは消えることはありません。そしていつしか父について聞かないだけでなく自分自身にも触れないようになりました。それと同時に、意識せずに父の愛を感じとる方法を身につけたのでしょう。

心理療法の世界では、このようなことを「**気づき**」あるいは「**洞察**」と呼んでいます。ある心理的なプロセスが深まると、**本人の内から求めていた答えが湧き上がってくる**のです。それははっきりとした声になって聞こえることもあります。彼女のように突然イメージが表出することもあります。それは幻聴や幻覚とは異なり、**本人を癒す力の源**なのです。今まで空白になっていたパズルのところに最後のピースがぴたりとはまったような感じです。

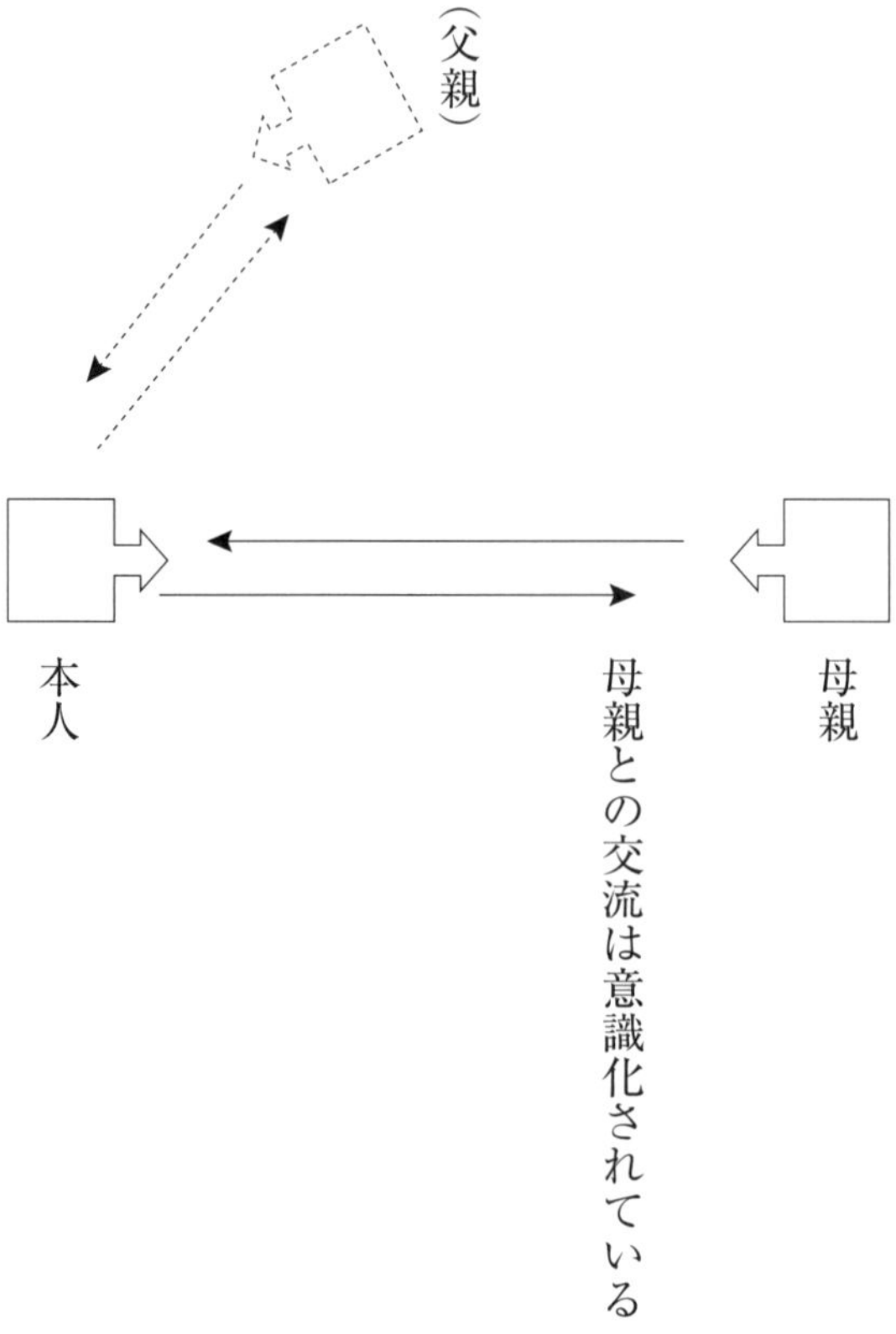
（父親）
本人
母親との交流は意識化されている
母親

父親は彼女の左側に〈生き続けて〉いました。彼女は自分の近くにいつも父親が〈生き続けて〉いたことを静かに受け入れていきました。それが今後の彼女の身体や体調にどのような変化をもたらすのか、私はとても楽しみにしています。さらに異性関係や家族に対する価値観にもたらす影響についても知りたいものです。

なぜこのようなことが身体に起きるのか、科学的には理由がわかりません。しかし人の身体は、不思議なアンテナを持っています。人はそのアンテナで「家族」というメッセージを受信するのです。

第2章

家族の隠された
メッセージ

1 家族が創り出すもの

〈感情に善し悪しはない〉

私たちは二つの感情を持っています。一つ目は、**個人の感情**です。この感情は「私が楽しい」と思ったり、「私は悲しい」と感じることのできるものです。人と会い、「会えて良かった」とか「また会いたいな」と、**個人の体験から生まれてくる心の動き**です。

二つ目は、**家族構成のシステムから生じてくる感情**です。家族は、そのグループ内だけに通用する言葉や価値観を持っています。外部の人たちに分からない家族の内部の秘密であったり、家族しか共有することのできない体験に基づいています。

感情とは、人間にとってどんな意味があるのでしょうか。心理学や心理療法の世界でも、感情についてはさまざまな異なる立場で異なる捉え方をしています。ある特定の流派や理論では、感情を分析したり、意味づけようとしています。また他の立場の学派では、感情を「コントロールすべきもの」と考えています。

しかし私は、**感情はコントロールするものではなく、「表現する」ことにこそ意味がある**、という立場をとりたいと思います。なぜなら感情には良い感情とか悪い感情ということはないからです。私たちは進化の過程で感情を獲得しました。それは鳥が羽を獲得したように、ライオンは牙を、クモは粘つく糸を、馬は俊敏な脚を進化の過程で獲得しました。肉食動物が牙を持っていたとしても悪ではありません。イルカが海の中で魚を捉えられるジャンプ力があるからといって良い悪いという視点は意味のないことです。人間は進化の過程で、種が生き延びるために最善の方法として感情の発達を選んだのです。

〈感情は「今―ここ」の自分を表している〉

したがって心理療法では、もしあなたが人を憎んで「殺してやりたい」と思ったとしても、その感情を「ネガティブな感情」と思ったりしません。そもそも感情について、ポジティブな感情とかネガティブな感情というように善い悪いと評価しないようにしています。そのような感情はあなたとその人物との関係を教えてくれるサインでもあるからです。

自分の〈経験〉していることを理解するために感情があるのです。例えば、電車の中や混雑した場所で他人に足を踏まれたら「なんだよ」とか「むかつくな」とか「カッ」としたり、「おい、あやまれよ」と文句を言いたくもなります。どんな人でも、靴を踏まれて「ありがとう」とか「嬉しい」とか感謝の気持ちが湧いてくることはありません。**感情は「今―ここ」で自分がどのような〈経験〉をしているのかを教えてくれるためにある**のです。そのために感情は、必要な場面で必要な感情が湧き上がってくるように創り出されてきたのです。

怒りの感情は、他人が自分を攻撃した時や人から侮辱されたり、いやみなことをされた時に湧いてきます。このような**怒りの感情とは「攻撃するエネルギー」**です。他人が自分に対して傷つけようと攻撃した時に自分を守るために相手を「攻撃する」ためのエネルギーです。私たちは動物です。動物は自分を守るために牙を持っています。えさを得るために肉や植物を噛み砕くために歯を獲得しました。

喜びの気持ちは嬉しい〈体験〉をしている時に生まれてきます。自分の好きな風景に出会ったときに嬉しさや興奮する気持ちが湧いてきます。友人と会話が弾んでいる時や好きなスポーツを見ている時にも嬉しくなります。一方、あなたが悲しみや辛い体験、寂しさを経験している時には、悲しみの感情が湧いてきます。このように、感情とは「今―ここ」で自分が〈経験〉していることの意味を教えてくれるために人間が進化の過程で獲得してきた大切な感覚なのです。

2 感情は共鳴する

このような意味で個人の感情は、とてもシンプルな原理によって働いていきます。しかし、二つ目の感情は「あなたの感情」ではありません。家族のシステムや家族構成員の人間関係から生まれてきたものです。しかし、その感情の起源はあなたが生まれた時からの家族固有のものであるために、あなたは**それが自分の感情であると信じている**のです。その感情は、あなたと家族の関係性から生まれることもあります。そのために家族システムの関係から生じた互いの心の葛藤を「私の問題である」と感じてしまうのです。

ケース⑥ 〈二人の私〉が私を責める

先日、ある女性と話す機会がありました。彼女は三〇代ですが、すでにファッションの店を二つ経営しています。その彼女が話の中で「私は自分をいつも責めているのです」と語りました。私は「えっ、どうしてですか」と聞き返しました。彼女の歳で二つの店を経営していることから、「少し鼻高々になっていて小生意気ではないか」と内心思っていただけに意外でした。話す態度も自信ありげです。早口の口調は押し出しの強さと性格の強さを相手に印象づけます。しかし、話してみなければ人の気持ちや心は分からないものです。

彼女は一生懸命に働いて、店を持つようになりました。人の何倍も努力したとのことです。それなのに〈二人の私〉がいて、いつも相手の〈私〉を非難するとのことです。一人の私は努力する人間です。一生懸命に働きます。するともう一人の〈私〉が、そんな自分を責めます。「もっと、ゆっくりしたらいいのに」「あなたはいつもセカセカ動いている」「落ち着きが無いわ」「だから私は身体が疲れるのよ」と文句を言うのです。そして実際、彼女は働きすぎで体調をこわし、倒れてしまったのです。

ところがゆっくりしたい〈私〉の声を聞いて休んでいると、もう一人の声が「そんなことでいいの？」「あなたはなまけものね」「一人で生きていけないわよ」と責めるのです。ゆっくりすることも辛くなり、また頑張ってしまうのです。

このような話をしてくれた時、私は「その二人は本当にあなた自身なのですか」と聞きました。それというのも、どちらの〈私〉も相手を非難したり、責めているからです。そこで彼女にこんな喩え話をしました。

動物や植物はけっして自分を責めたりしないし、そのような生き物はこの世にいないはずです。アリは「俺はなんで働きアリなんだよ。忙しすぎるよ」とか言いません。春に空を舞う蝶が「どうして私は蝶になる前に青虫なんかにならなきゃいけないのよ。いやだわ」なんて感じていないはずです。生き物は生きていることを常に謳歌《おうか》しています。生命が楽しいと感じるから、自分の子孫を残そうとするわけです。生きる瞬間の喜びに浸ることができるから、自分の種を増やそうとするのです。人間も同じです。私たちは人間である前に生き物なのです。動物なのです。私は〈私〉を責めるために生まれてきたわけではないのです。そのようなヒト科がいたとしたら、人間は子孫を残しません。

きっとどこかで自分を責めてしまう何かを学んでしまったのです。

このような話をしました。数日過ぎてから、彼女はこんなことを話してくれました。実は「あの〈二人の私〉は父と母でした」。家に戻っていろいろな想い出が彼女の脳裏に甦ったそうです。そして父は、母をいつも「だらしない奴だ」「何もしないで」と責めていました。母は父を「仕事でイライラばかりして」「ちっとも家の手伝いもしてくれない」と文句を言っていたそうです。

そのことを思い出したときに、ある夫婦ケンカの場面が甦りました。小学生の私は、いつものケンカを背中で聞きながら『テレビの歌手』を一生懸命に見ていました。いいえ見つめていたといっても良いかもしれません。背中の向こうで相手を非難しあっている両親の姿を感じないように、聞こえないようにするために『テレビの歌手』を凝視し続けていた、子どもの私がいました。

私は不安になっていました。いつも怯《おび》えていました。それでも振り向かずに一生懸命に何事もないかのようにテレビ番組を見ていたのです。本当の私は不安で、居場所の無い〈小学生の私〉です。

私は大人になっても不安でいっぱいです。この不安な私こそが本当の〈私〉だと気づきました。そのように感じた時、「ゆっくりしたい私」は母の気持ちを取り入れていて、「頑張る私」は父のバイタリティーを取り入れていたことが分かりました。子どもの頃に両親は離婚しました。離れ離れになってから、父親に会うことはありませんでしたが、私は母と父をともに愛していることも分かりました。

私は子どものころから二人をもう一度つなぎ留めてあげたいと思っていたのです。母を思うときは父の声を思い出し、父を思うときは母の声を思い出していたのです。

このように私の不安は、私の問題ではなく、親の葛藤の結果生まれたことを理解することができました。母親と父親の葛藤の姿を取り入れたのです。そして大人になった私は、自分の責任ではないことを理解したのです。ですから私は「不安」を父親に返すことにしました。私の「不安」を母親にも返すことにしました。

彼女は社会的なバイタリティーを父親から譲り受けたことを嬉しく思っています。自分の成功を誇りに感じられるようになりました。そして疲れた時は母親のように「家でゆっくり休む」ことも受け入れることができました。

子どもは両親の価値観や人生観を取り入れていきます。その人生観が生きる基準となるのです。時には親の価値観や人生観を否定して自分の新しい価値観だと思っている場合でも、親の反面教師だったりすることがあります。当人はそれに反発して逆の態度をとっているのですが、それは自分の基準ではなく**親の基準の反対の軸に立っている**ので同じことになるのです。

ある家族が社会的に成功した場合には、その地位を築いた父親や祖父、時には祖母や母親の価値観がその家族の行動基準となるような場合もあります。事業家ならば会社の規模や事業の大きさなどに価値を置くことが基本的なものの見方になるわけです。社会的な知名度やアカデミックな業績で認められた家族は、学歴や社会的な功績を家族のメンバーの評価として見るようになるでしょう。その基準にあうメンバーは家族から認められますが、その基準を満たさないメンバーの場合は低く評価されてしまうのです。

3

感情は同化する

さてもう一度、感情には二つあるということに戻りましょう。私たちには「今―ここ」の体験から生まれる感情があります。この感情は個人の〈経験〉から生まれた心の動きや気持ちですから、コントロールすることができます。「もう一度楽しい気持ちになりたい」とか「あのワクワク感をもう一度体験したい」と思って友人と会う、旅行に行く、好きな仕事を見つけるなど、したいことを自分で決めたり、実現したりできるという意味です。悲しみや怒りも「好きな人と別れたから悲しい」「あの上司は嫌な奴だ。あの時、怒りを覚えたのは仕方がないことだよな」と納得したりすることができるということです。感情そのものをコントロールするという意味ではありません。

しかし二つ目の感情は、それがなかなかできない。自分ではコントロールすることが難しいのです。なぜなら、それは**個人の責任で生まれたものではない**から、個人がいくら自分の気持ちを整理したいと思っても、それがしにくいのです。個人の〈経験〉から生まれたものではないからです。家族システムから生まれた感情は、時にとても強い無力感を生み出すことがあります。それは**個人の意志で変えられないという感覚を伴う**ので、抵抗しようとすると打ちのめされてしまうことがあるからです。

この二つ目の感情は、ふだんは「私の感情」として経験されていることが多いのです。そのため、家族構成のシステムから生まれた感情であることに気がつかないと、その感情は消えていきません。このことを、以下いくつかのケースを紹介しながら取り上げていきたいと思います。

ケース⑦　配偶者の緊張を身体化する

阿部美千代さんが、このようなことを語ってくれました。

「私は家族に〈受け入れられていない感じ〉がするのです。私は一人娘を持つ三人家族の母親です。家族の関係が悪いわけではありません。それでも、私が感じているものは〈居心地の悪さ〉です。仕事の時ではなく、家に居るときに〈感じる〉のです。私は家族に受け入れてもらえていない、という感じです。とてもそれが不安なのです。この不安がどこから来ているのか知りたいのです」。

この不安を感じている時は、下腹部に何か「塊《かたまり》」のような緊張感を感じているようです。「この緊張感は何だろうか」と思っているようです。どんな意味があるのでしょうか。そこまで彼女は自分の感情と身体の関係について気づいていました。

そこで「居心地の悪さ」を下腹部でしばらく再体験してもらうことにしました。家に居て、家族から「受け入れてもらえない」という感じを味わってもらったのです。この「受け入れてもらえない」という感じの意味を知るために、「家族の彫刻」を見ることにしました。

家族三人の家族の関係を表す位置を配置してもらったのです。

「あなた」と「夫」と「娘さん」の関係を〈距離〉で表してください。

そして、三人の家族関係をさらに明確に表すために、互いの向き〈方向〉を決めてもらいました。それを見ると家族の人間関係も見ることができるからです。彼女が配置した「家族の彫刻」は、次のようなものでした。

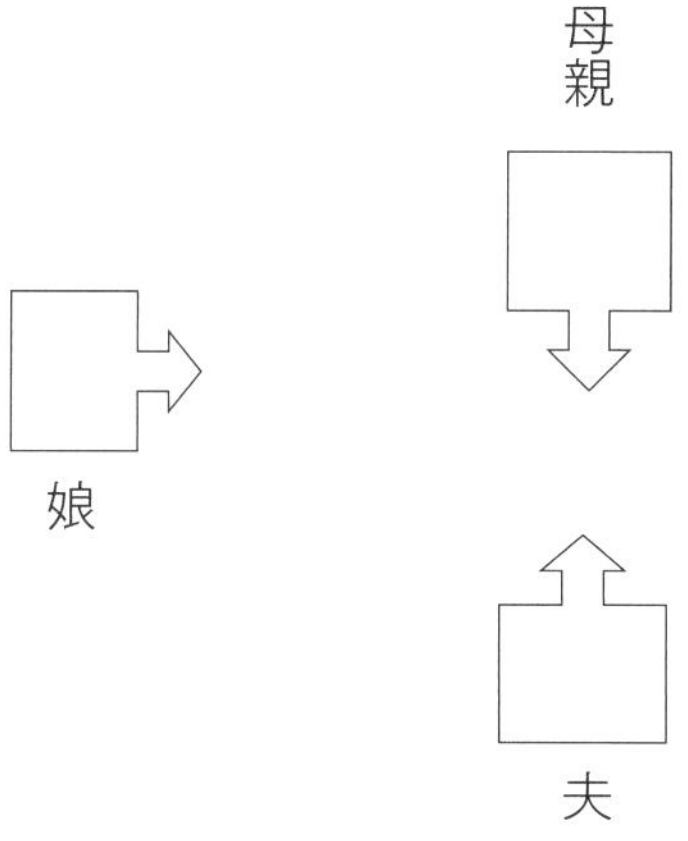

彼女の〈距離〉は、娘よりも夫の方が近いことが分かります。たいていの母親ならば娘を夫より近くに置くことが多いものです。では、ここで「居心地の悪さ」とはどういう意味を表しているのでしょうか。

夫との近い関係なのでしょうか。それとも娘の距離が夫よりも離れていることと関係しているのでしょうか。「受け入れてもらえない」という感覚は、夫との関係なのでしょうか。娘との関係なのでしょうか。

〈距離〉が近いことは、しばしば関係が親密であることを表現しているものです。その視点から考えると、夫とのことよりも、娘との関係に何か問題があるのかもしれません。

次に家族の示す〈方向〉は、夫も娘も二人とも母親を見ています。これは、「家族関係が悪いわけではありません」と彼女が言っていることと一致しているように思えます。もし、夫が妻を見ないで他の方向を向いていたり、娘を向いていたとしたら、もっと違う意味合いがあるのかもしれないからです。

私は娘との対話を進めるように伝えました。娘に「話しかけて」もらうのです。そうして、娘との対話で見えてきたものは「もっと母親に甘えたい」「一緒に居たい」ということでした。「幼稚園も好きだけど、お母さんにもっと抱っこしてもらいたい」という娘の寂しい気持ちを母親は無意識に察していて、それができない自分との関係を表現するために〈距離〉を置いたようです。この距離は、娘が母親にもっと甘えたい、抱っこしたいという寂しさを〈がまん〉していた〈距離〉だったのです。

そこで夫との関係性を見てみました。すると彼女は、だんだんと下腹部の「緊張」を強く感じる、と訴えたのです。この下腹部の緊張は彼女が感じている「居心地が悪い」という不安の源のようです。

「あなたが何も言ってくれないから私は不安になるのよ」

このような言葉が夫に対して出てきたのです。しかし、夫は優しい人で妻に文句を言ったりしないようです。「妻としてこのようにして欲しい」「母親としてこんなことをして欲しい」「娘にこのようにして欲しい」ということを言わない夫なのです。いつもの口癖は「それでいいよ」「お前の好きなようにしていいよ」という言葉です。決して投げやりな言葉ではなく、妻がしたいようにして良いという感じです。しかし、そのことに彼女が「不安を感じている」ことが分かってきました。もっとはっきりと「嫌だ」とか「このようにして欲しい」という彼の気持ちが伝わってこないことに、ある意味の不安を感じとっていたのです。

彼女の不安の源は、夫の「何も言わない」ことのようです。彼の感情が伝わってこないことです。彼の要求が表現されてこないことです。そこに〈居心地の悪さ〉を感じとっていたのです。

不思議なことに彼女が夫の位置に座ると、その「緊張」がさらに強まることが分かりました。まるで本当は夫が下腹部に「緊張」を持っていて、その緊張の塊を妻がコピーしているかのようです。このようなことは、心理療法ではしばしば見受けられることです。家族のメンバーの緊張を他の家族のメンバーが感じとって「わたしの緊張」と思っているのです。

もし彼女が感じている「居心地の悪さ」が夫自身の「緊張」から来る不安ならば、彼女はその不安を取り去ることはできません。彼女の不安ではないからです。彼女の居心地の悪さではないからです。なぜこのようなことが起こるのでしょう。どうして家族の不安を妻が感じてしまうのでしょうか。

このように多くの人が「自分の感情」だと思って悩んでいた不安や怒り、悲しみ、罪悪感は、家族のメンバーの〈感情〉を受けとったものであることがあります。これは、**家族を愛することからくる心の共鳴**ともいえるのです。

彼女の夫の父親は子どもの時に病気で亡くなりました。そのため夫は〈父親〉の役割に不安をもっていたようです。特に妻や娘にイラ立ちを感じたり、不満があったとしても、表現しないように感情を抑えこんでいたのです。そのため夫が不安をお腹で抑えこんで〈感じない〉ようにしていることに、彼女は敏感に反応したのです。夫と同化したといってもいいでしょう。

人は**身体で感じとっている感覚や感情の意味に〈気づく〉と、それが消えていく**体験をします。きっと身体が伝えたいことが伝わったからなのでしょう。家族や職場、グループなどと共有する〈空間〉と〈時間〉が長くなればなるほど、互いの結びつきがより強くなります。そして、その人々の表現されていない「表現」を感じとるようになっていくのです。感情の共鳴が起こるのです。

このように家族や特定の集団が共有する時間が長くなると、特殊な「場」が生まれてきます。その**見えない「場」は**、エネルギー体のように**互いの見えないメッセージを交換し合う**のです。

4 愛情はシステムになる

ケース⑧　父親を殺したくなる息子

川中くんは二〇代の若者です。彼は「父親を殺したくなる」ことに悩んでいます。「なぜ、そんな気持ちになるのか分からない」と言いました。付け加えて「父親を殺したくなる理由は分かるのです」と矛盾したことを言います。しかし彼が悩むのは、そのような心の衝動を自分が抑えられないからです。

ちょっと私には腑《ふ》に落ちないところがあり、彼の話を聞くことにしました。彼によれば「父親が母親に頼ってばかりいることが許せない」とのことです。どのようなことを頼るのかというと、「父親は仕事で借金をして、それを母親が肩代わりして返したのです」と言うのです。その他にいくつか具体的なことをあげてもらいました。

「例えば父は、母に相談してからでないと自分のしたいことを行動に移すことができない」「また、母が風邪を引いている時でも台所は手伝わず」「今まで、仕事も何回か辞めてしまった」「すぐに母親に甘える」などなど……。

そこで私は「今まであなたが父親を殺したくなってケンカになったことがあるのですか」と聞きました。その答えは、さらに腑に落ちませんでした。彼は「いえ、父親はすでに死んでいるので、そのようなことはありません」と言うのです。

一息ついて「あなたは、父親を殺したくても、死んでしまって殺せないから悩んでいるのですか」と確認するために聞きました。すると彼は最初と同じように「いいえ、父を殺したい理由は当然のことなので自分でも仕方ないことだと分かります。私が悩むのは、母を悲しませたくないのに、父が母に頼ることです」と言います。

私はあきれたふうに、「でも、父親は死んだのだから、もう悲しませることはできないのでは？」と聞きました。

しかし彼は、「いえ、そのようにしている（現在形の）父を許せないのです」と答えるのです。

ここまでくると、私も彼が〈心の中にいる父親〉と葛藤しているのだということが分かりました。しかも彼の心の中では、父親が生きているということです。そこで「家族の彫刻」をしてみることにしました。

「あなたの家族をこの空間に配置してください」。

彼の家族は、父親と母親、本人と妹の四人家族です。そして家族の互いの関係を〈距離〉と〈方向〉で示してもらいました。なぜか若者は妹を家族の空間に入れません。それも意味あることなのです。そこで三人のままで進めることにしました。

まず、本人がいる位置を中心にして、母親と父親の〈距離〉を決めてもらいます。次に、三人の互いの〈方向〉も決めてもらいます。

三人の配置は正三角形になりました。三人の〈距離〉のスペースは互いに一メートルくらいの感覚で配置されています。そして彼と父親の向き〈方向〉は母親に向かっています。父親と息子のエネルギーは母親に向いていることが分かります。

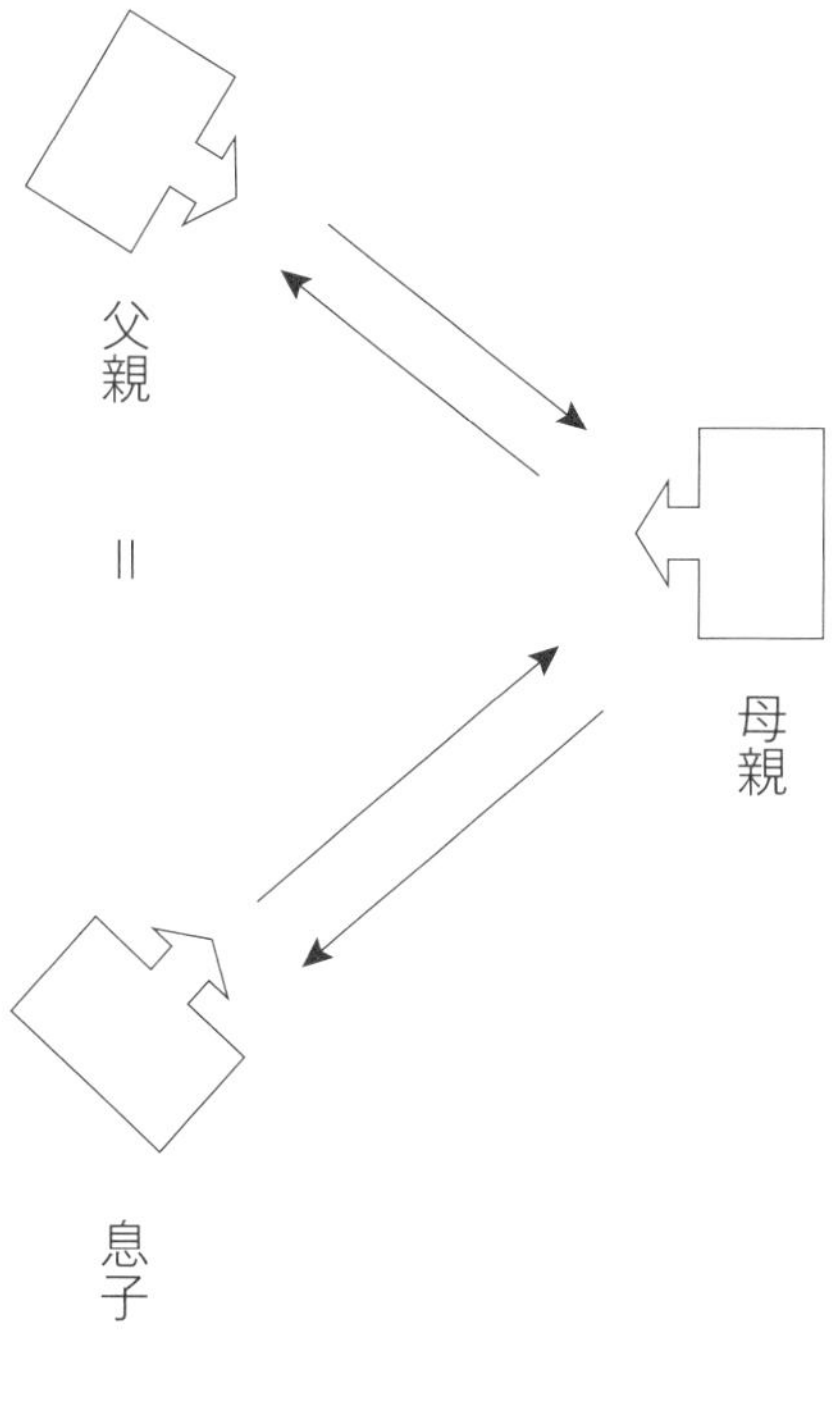

この家族のエネルギーは母親に向かっていることが分かるでしょう。このエネルギーの流れる〈方向〉が特別な意味を持っています。父親が母親の優しさに引かれ、頼りにしていることも分かります。面白いことに息子も母親に向かっています。息子も母親の愛情に引かれているようです。

このことから、父親と息子は母親の愛情を受けるためにライバル関係になっていることも見てとれます。このように家族構成の〈距離〉と〈方向〉から、いろいろなことを観察することができるのです。〈百聞は一見にしかず〉という格言のとおりです。彼の話よりも、互いが織り成す「家族の彫刻」のほうが、さまざまな情報を視覚的に、白日のもとにさらしてくれるのです。

私は三人のそれぞれの〈位置〉に移動して座るように、彼に指示しました。そして母親の位置に居る時、「母親がどのような〈姿勢〉で父親や息子に向かって、何を話しているのか」を教えてもらいます。「父親の位置に移動して座る〈姿勢〉は、どのような気持ちになるのか」も聞きました。「その姿勢が作り出す言葉は母親に何と表現しているのか」を感じてもらいました。本人に「家族の空間の中にあるそれぞれの〈位置〉で、母親にどのような話をするのか」を実際に言葉で表現してもらったのです。

今までの〈距離〉と〈方向〉という二つの因子に〈姿勢〉という三つ目の因子を加えてもらいます。三人のそれぞれの〈姿勢〉が加わることで、三次元の世界が生まれるのです。

このやり取りを通じて、彼は死んだ父親の役割をしようとしていたことがはっきりとしてきたのです。つまり母親に対して〈夫〉として振舞おうとしたのです。そのため、父親の位置にいる時の彼の〈方向〉は母親に向かっています。彼が自分の位置にいる〈方向〉と同じだったのです。

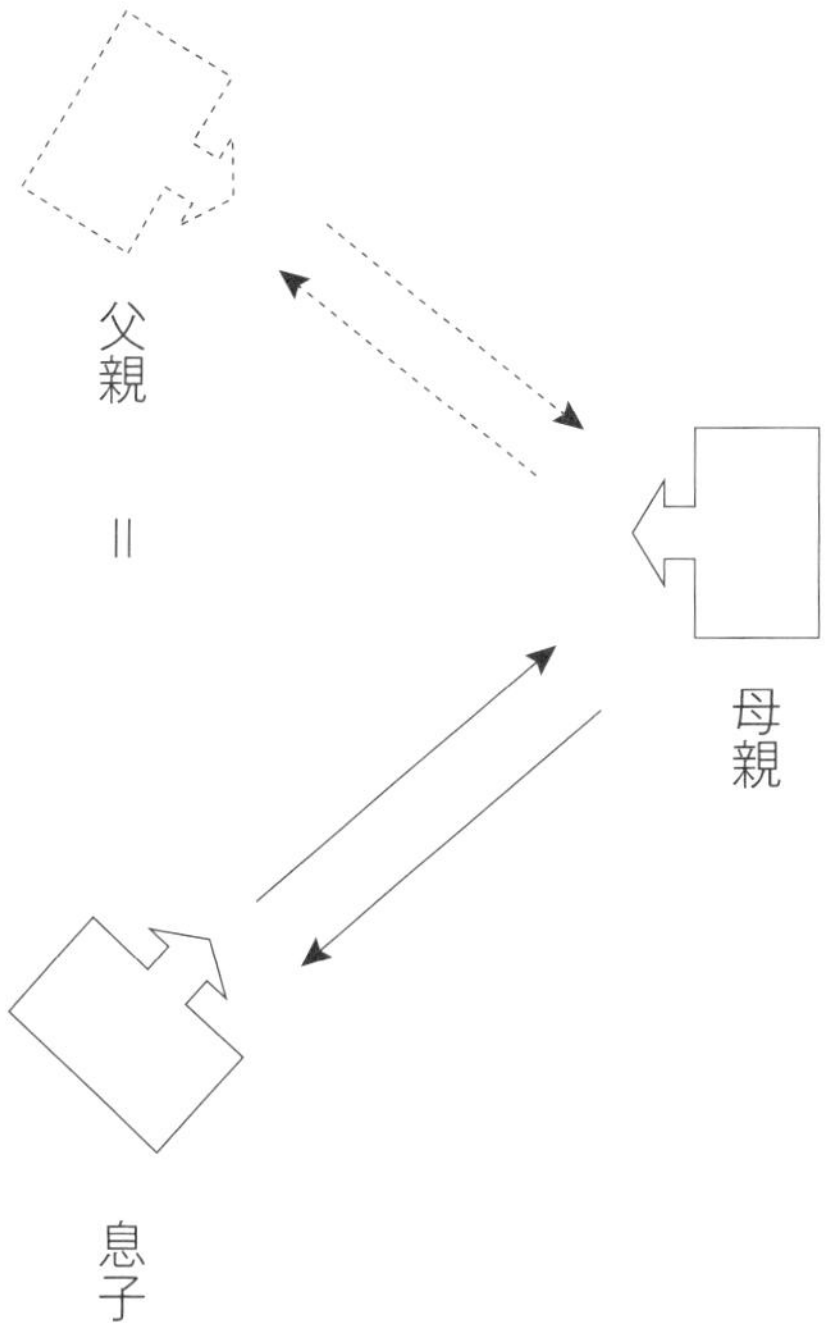

〈家族の欠けた役割を引き受ける〉

人は家族のメンバーの一人が欠けたとき、そのメンバーの役を引き受けます。家族の中で母親を失った場合では、しばしば幼い長女が家族の面倒を見るために食事を作ったり、みんなの洗濯をしたり、買い物をするようになるのです。同じように彼自身は、意識しなくても母親を助けようと無意識に父親の〈位置〉に座ります。そして父親のように振舞うのです。男の子の場合は、早く社会に出て働いて家族を経済的に支えようとします。家族がそれを要求することもあります。

ただ彼のケースでは、もう一つの行動が加わりました。彼は不登校になったのです。人は時に、とても奇妙な方法で目的を達成しようとします。特に、家族という固定化された構成メンバーの中だけで成立する特有な価値観に基づいて行動するのです。彼は不登校という道を選びました。そのようにすることで、いつも母親のそばに寄り添うことができたからです。彼が母親に示した愛情なのかもしれません。同時に、母親に心配をかけていた父親の分の愛情も受け取ることができたのです。私は、若者が妹を家族の空間に置かなかった理由がおぼろげに見えたような気がします。

もしかしたら、この方法を母親が望んでいたのかもしれません。母親は息子の愛情と父親の愛情を同時に受け取れるからです。母親は失った父親への愛情を示すために息子がそのようになることを望んだのかもしれません。同時に妹は愛情のライバルだと母親がとらえていたとしたら、若者が妹を空間から排除した意味もわかります。ここには、家族にしか見えていない暗黙のルールがあるのでしょうか。

なぜ、家族のメンバーがこのような方法で愛情を表現するのかということに対して、明確な答えはありません。しかし、**家族には見えないルールがあります**。外部には隠されている家族内部の価値観があります。それは家族だけが培ってきた家族だけの暗黙の価値観です。

この家族の隠されたメッセージは「母親に愛情をもらうことが人生で一番大切である」ということなのかもしれません。あるいは「母親が家族に愛情を与えることが最も人生の中で価値あることだ」と思っているのかもしれない。それは社会のルールよりも大事なことなのでしょう。あるいは「あなたには能力が無いから、〈私〉が助けてあげる」「あなたは〈私〉が居ないとダメ」という隠されたお互いのメッセージなのかもしれません。この〈私〉は母親であることがあります。しかし、父親や息子が母親に対して〈私〉であることもあり得ます。

もう一つ考えられることは、父親が〈不在〉になった場合に、息子がさらに〈父親〉であろうとする力動が家族の隠された欲求（時には経済的な理由で大学をやめて働きに出て弟や妹を学校に行かせるなど、明白に父親代わりを求められる）として強まることです。彼が不登校になって母親に依存する方法をとったとしたら、父親と同じパターンをとっている自分に矛盾を感じてしまいます。そしてそのような依存するパターンを排除しようとします。しかし自分の依存性を排除するのではなく、自分の中にある父親の母親に対する依存性を排除しようと葛藤が起こるのだ、と捉えることができます。「殺してやりたいほど」という最初の意味は「自分の中にある父親と同じもの」を殺したいのだとも受け取ることができます。

このように、家族構成メンバーの中から生まれた価値観は個人の気持ちや感情ではないのです。しかし、その価値観が家族を突き動かす力動となり、やがて家族構成を維持するためのシステムとなっていくと、もはや個人の力よりも強く働くエネルギーになって渦巻いていきます。個人の感情は個人が気づくことができるので、自分で表現することもしないことも選ぶことができ、自分の意志でコントロールすることが容易です。

しかし、家族構成のシステムから生まれた感情は、**個人の意志では変えることができません**。いわば、家族全体のシステムから生まれでた生き物だからです。家族の全体がそのシステムの仕組みや価値観に気づいて変化させようとしない限り、それは回転コマのように回り続けていくのです。

第3章

家族連鎖とは何か

1 家族は心の拠り所

ケース⑨　故郷にたどり着いた女の子

ある保健師の人と話をしていた時のことです。彼女は四〇代の女性です。東北地方の地元で働いています。両親がその土地に住んでいたので、彼女は親の希望通りに生まれ育った土地で仕事を見つけました。その彼女が勤めて、最初に「仕事をした」という喜びを感じたときの話です。

彼女が駆け出し保健師として市の役場に勤めて一年目のことです。担当地区のある家から彼女に連絡が入りました。その内容とは「近所の家に何か生き物がいるので調べて欲しい」とのことでした。その近所の家とは、そこに住んでいた老夫婦がかなりの年齢になっていて数年前に男性が亡くなりました。そして残された女性も一年ほど前に亡くなったという屋敷のことです。現在は空き家のままです。

その空き家の中をのぞくと、チラリと黒い影が見えました。彼女の脳裏に「野良犬かも？」という予想が浮かびました。しかし、どのようにして家の中に入ったのかしらと思うと、野良犬にしては不自然です。玄関に行って声をかけましたが誰の気配もしません。再び家の庭先に回りました。そして庭側のガラス窓を開けました。

部屋の中に一歩ほど踏み込むと、ガサッという小さな音が聞こえたので、そちらの部屋の方に行ってみました。すると黒い影がサッと動いたのです。彼女の気配を察して隠れたようです。もしかしたら野生の動物が紛れ込んだのかもしれないと思いました。彼女も気配を消すように、そろりと逃げ込んだ部屋の方に進みました。

部屋のドアをゆっくりと開けると黒い影が暗い部屋の中でうずくまっていました。彼女が近づこうとすると、黒い生き物は四足でバタバタとまた隠れてしまいます。その黒い影は犬ではありませんでした。一人の女性だったのです。

彼女も息を一瞬止めて驚きの声を上げるところでした。しかし、その黒い影は四つんばいになってザッザッと押入れに隠れてしまいました。その様は黒いクモのようでした。まるで黒い四足のクモ女が押入れに逃げ込んだように思われたのです。

彼女は優しい声で「大丈夫ですよ」と声をかけました。「怖がらなくてもいいわよ」

と語りかけるように押入れの中に居る女性に話しかけたのです。

後日、その女性の実情が分かりました。その女性は、この屋敷の子どもでした。姉と弟の二人の子どもがいました。両親が病気になり子供たちを養うことができなくなってしまったようです。小さな弟は同じ地元の親戚の家に預けられました。そして姉の方は母親の兄弟筋の家に預けられたのです。ただ彼女の場合は、東北を離れた遠い関西地方だったのです。まだ二人とも小学校に入学したばかりでした。弟は一年生です。姉は二年生か三年生くらいの年齢だったということです。

それから二人の子どもにどのような経緯があったのかは分かりようがありません。しかし子供たちは、この屋敷に再び戻ることはなかったようです。

保健師が彼女を見た時には、すでに成長した大人になっていました。何歳くらいまで関西の親戚に預けられたのかは分かりません。しかし、その姉の姿は彼女の送ってきた長い年月と人生で体験してきたであろう悲惨な環境を垣間見せているようでした。彼女は何歳から四つんばいで生きてきたのでしょうか。

「きっと納屋に入れられて育てられたのかも」

食事も餌のように与えられたのかもしれません。あるいは小さな三畳部屋とか押入れのような狭い空間を与えられただけなのかもしれません。四つんばいの姿勢で移動することが、彼女の置かれた人生をよく教えてくれます。

しかし、それにしてもなぜ彼女は家に戻って来たのでしょうか。どのような理由で戻ろうとしたのでしょうか。もしかしたら預けた兄弟筋の家では彼女の両親が亡くなったことを知り、彼女の世話を放棄したのかもしれません。あるいはそれ以前に彼女は家から追い出されていたのかもしれません。いずれにせよ、遠い関西から東北の北の地まで、どのような方法で戻ってきたのでしょうか。

彼女はその町の施設に入りました。保健師は半年くらいして、その施設を訪れてみました。施設の外から庭先に座っている彼女を見ることができました。彼女の姿は物静かで安心しきったような顔をしていました。彼女のかもし出す優しげな姿と表情を見たときに「とても良かった」と思ったそうです。

私がこの話を聞いた時、その子供たちの運命に心が痛みましたが、それとともに彼女はどのようにして関西から東北の最北まで戻ってきたのだろうかという思いが頭の中をぐるぐるとかけめぐりました。そのことがとても気になったことを記憶しています。

身体が真っ黒になるほど長い間、人と接していなかったと思われます。もちろん知らない土地で人々との会話もなかったことでしょう。夜の夜行列車に隠れて乗ったとしても、他の乗客の目に触れてしまいます。かりにトラック便の荷台に隠れて乗ったとしても、どのようにして目的地にたどり着けたのでしょうか。今のように交通機関も発達していません。半年くらいかけて戻って来たのでしょうか。それとも何年もかけてたどり着いたのでしょうか。何を考えて、生まれ育った両親の家に一人で向かったのでしょうか。

私が心動かされたのは、**人は何かあると、生まれた「家に帰る」**ということです。

彼女のような人生であったとしても、心のよりどころは家族だったのです。その家族の居た空間に戻りたい、という動物としての本能を私たちは持っているのでしょうか。どのような環境に置かれたとしても**「家族の風景」はその人の生きる道しるべとなる**のです。

私は「家族」をテーマに考える時に、この出来事を思い起こさずにはいられません。家族が互いに引き寄せあう力動は時間と空間を越えているのです。

2　家族連鎖

〈負の連鎖が世代を超えて伝わる〉

私が家族連鎖について初めて体験したのはポーラ・バトム女史（Paulla Bottome Ph.D 1934–2001）のところでのセッションでした。もう二五年ほども前の話です。そのころはまだ、私の脳裏に家族連鎖という言葉はありませんでした。

九州で、ある男性がグループに参加していました。私はその頃、ポーラ女史の通訳をしていました。まだ心理療法がどのようなことをするのかを完全に理解していませんでしたが、彼女の優しいアプローチがとても大きな力を引き出すことを知っていました。ロジャーズ流のソフトな対話にとても興味を持っていたのです。

その男性はポーラに、自分がカウンセリングを受けてきた経過を述べました。カウンセリングを受けてとても助かったことを語りました。カウンセリングを受けるキッカケになったのは、彼の中で「理由の分からない力で〈死にたい〉という衝動が生まれて来たからです」と教えてくれました。そのエネルギーが湧きあがってきた時に「これは誰かの助けが必要だと思い、カウンセリングを受けました」といいました。

私はまだ駆け出しの初心者でしたので「命を絶つ」とか「死にたい」というような言葉を本人が発したことにとても驚きました。心の中で、この場面がどのように展開されるのかとても慄《おのの》いていたといえます。

ポーラは彼の中にあるその湧き上がって来る〈死にたい〉という衝動、本人の意志とは関係なくうごめく情動のようなエネルギーに注目したのです。そして「そのエネルギーを十分に感じとるように」と言いました。数分間でしょうか。二〇分くらい経過したのでしょうか。彼はそのエネルギーの塊を腹の奥底から取り出しました。

それは黒い鉄の塊のようでした。その鉄のような黒い塊は彼の家族が抱えてきた葛藤のシンボルだったのです。「私の家族は争いごとばかりです。兄弟同士が大人になっても争っています。親戚同士が口げんかをします。きっと私たちの両親や親戚同士が争いばかりしていたからだと思います」と落ち着いた口調で語り出しました。

彼はゆっくりと、語調を柔らかく整えるように語りました。そして「これは私たちの今の世代の家族だけのことではないのです。この〈鉄の黒い塊〉は父や母がその両親の代から受け継いできた問題です。祖父母も争いの多い人たちでした。そして私の家系は互いを憎しみ合うようになっています。もうこれは私の代で終わりにします」と述べました。地方で代々続く家柄のようでしたが、それは憎しみの連鎖の**世代間伝達**でもあったのです。

この場面に遭遇して、私の心の奥には世代間の「負の伝達」という黒い色のイメージができあがりました。この黒い鉄の塊は先祖から次の世代にどのような方法で伝わっていくのでしょうか。前の世代から新しい世代に、元の家族から新しい家族に、現在の親から子どもたちにどのような方法で伝えられていくのでしょうか。そして家族は、この誰にも見えない何かを確実に次世代に伝えているのです。その見えないメッセージを新しい世代はどのように受けとっていくのでしょうか。どのような方法で受け継がれていくのでしょうか。

私はその答えをまだ見出していませんでした。しかし、ゲシュタルト療法を知ることで「もしかしたら本人が葛藤している心の問題は、その本人の問題ではなく、本人が所属している家族メンバーが世代から世代へと受けとってしまった〈未完了〉な心の問題なのかもしれない」と考えるようになっていきました。

本人が「これは自分の問題ではなく、問題を引き継いでしまった家族の問題である」と視点を変えることが可能になりました。そうして、多くの個人の葛藤がワークのプロセスで消えていくのを目のあたりにしてきました。そこで私は、**家族連鎖のもとになっている〈未完了〉な問題**について模索していくことにしました。

そして北の東北で、今度は私自身が時間を越えて全く同じ問題を扱うことになったのです。その内容は、やはり家族の争いの問題でした。相談に来たのは本人ではなく奥さんでした。彼女は一〇年ほど前に結婚して大阪から東北に嫁いで来た方でした。

ケース⑩ 代々続く争いごとの親族会

夫はまじめで、夫婦仲も「普通の家庭」という方でした。今は子どもが二人います。奥さんの表現によれば「夫は竹中家のことで悩み、うつ病になったのです。今は治って夫は職場に戻っていますが、その時に夫とともにカウンセリングを受けて心理学に興味を持つようになりました」と経過を話してくれました。

彼女の相談は「実は竹中家の問題です」と語り始めてくれました。それによると、夫の病気は良くなったのだが、その原因となった「竹中家の問題」は全く解決していないとのことでした。竹中家は兄弟姉妹が多く五人もいます。彼はその長男ですが、竹中家は毎月集まりがあるそうです。竹中家の兄弟姉妹の懇親会のようです。そこにはそれぞれの家族と子供たちが参加するので、一族の集まりと言えます。「問題はその席で争いが起きることです」と彼女は語りました。それによると、集まりの席では必ず親族の誰かがターゲットになってケンカが始まるというのです。「おまえが悪い」とか「あなたがいけない」と口げんかになってしまうそうです。夫はそれを毎回なだめるのに疲れてしまったようで、これが病気の原因でした。

「私はとても不思議な気持ちなのです」
「竹中家といっても、大した家柄でもありません」

この話に、グループの人たちは笑い出してしまいました。しかし、彼女は次のように続けました。

「そのような争いごとの席に、本人たちが毎回、誰も欠席せずに集まることが不思議なのです。まるで会の集まりを楽しんでいるかのようです。そのような口争いが起こるような一族の集まりに、私は子どもを連れて行く気にならないのです。夫にそのことを伝えたのですが理解してもらえません。私の気持ちをもちろん察してくれるのですが、それでも大切な会だからと子供たちを連れて行くのです。このことがとても不可解な行動なのです」。

さて、それから半年後に奥さんと一緒に夫がセッションに参加しました。奥さんと話し合って「自分も竹中家に何が起きているのかを知りたい」と考えるようになったのが動機のようでした。

夫は竹中家の両親の話をしました。そして両親もまた兄弟姉妹と争いごとの連続だったことが分かったのです。つまりその両親も同じように兄弟姉妹、親族同士で争い続けていたのです。奥さんは大阪から嫁に来たので、竹中家で行われている「争いごとの会」を外から客観的に見ることができ、異様に思えたのです。しかし、竹中家の一族である当事者は両親の世代でも争いごとでもめており、そのような環境で育ったので、あまり疑問を抱いていないようでした。

夫の話では祖父母の代でも同じように争いが起きていたのです。奥さんにとってはびっくりするようなことでしたが、逆に本人たちは「それが当たり前のこと」と受けとっていたのです。まるで竹中家の集まりは、会に参加した誰かを毎回ターゲットを変えて「非難する会」だと信じていたかのようです。もちろん意識してそのようにしていたわけではありません。

この三代続く〈伝統行事〉を理解した時、夫は「もう子供たちを席に連れて行かない」ことにしたのです。

このように、巻き込まれている本人たちは「争いの会」という認識がありません。それどころか親の代から続いてきた「会」を自分たちの世代も継承していくつもりでいます。その引き継ぐ内容が「争い」であることに気づきません。まじめな夫は長男として「争いを諌《いさ》める」ことが自分の役割だと信じて一生懸命だったのです。そしてそのことに疲れてしまいました。彼はまた、家族の負の連鎖の犠牲者でもあったのです。

3 怒りの世代連鎖

ケース⑪　怒りの背後に愛があった

ある三〇代の男性が、「怒りについて悩んでいる」と語りました。彼はとても優しいタイプに見受けられたので、私は意外な印象を受けました。彼によると仕事や友人関係ではとても穏やかに話し合えるとのことです。ところが家族に対しては感情的に反応してしまうのだそうです。

彼は家庭内暴力をふるっているわけではないようです。彼の言葉によると「仕事や友人などは意見や考え方が異なっても冷静に話し合える」とのことです。ところが家の中ではイライラを爆発させて「奥さんを怒鳴ってしまう」ことがあるようです。また子どもにも怒りを向けて乱暴な言葉で接してしまうのだそうです。彼自身も、自分が「外に向いている時」と「家の中にいる時」のアンバランスな違いが気になっていたのです。

そんな時に小学生の娘から「怒りん坊のお父さんなんか嫌い！」と言われてしまったのです。彼にとっては予期していない時に言われたので、心が動揺するくらいうろたえてしまったのです。

しかし彼がうろたえてしまった本当の理由は、同じ言葉を頭の中で母親に対して繰り返していたからです。彼は子どもの頃から家の中で、常に父を怒鳴りつけている母親の姿に向かって、心のなかで「怒りん坊のお母さんは嫌いだ！」と叫んでいたからです。

この相談セッションの二ヶ月後に、彼の母親が参加して来ました。実は母親も夫をどなりつけたり、感情的になって怒るのが辛いらしいのです。彼女は六〇歳代のように見受けられます。馬力のある職場のオバサンという感じの女性です。すでに退職している旦那さんと自分が退職してから毎日一緒に生活することを考えると、怒りを何とかしたいと思っていたそうです。

そこで彼女（母親）に「怒鳴る姿が見たい」と伝えました。本人は「嫌だわ」といいながらも立ち上がりました。そして旦那さんがいる方向に向かって「アンタ何してるの!!」と大きな声で怒鳴ってもらいました。確かに迫力があります。

「あなた何しているの!!」

と数回ほど叫んでもらいました。すると、彼女は泣き声になって、怒り続けるのでした。そして一呼吸して、気持ちを落ち着かせるように「私はこんなこと止めたいのです」と言いました。「でも怒りがお腹の内側から湧いてきて大きな声が出てしまうのです」と半泣きの声で言いました。

その場面で、もう一つ気になったことがありました。旦那さんをずいぶんと遠くの位置に置いたことです。その理由を聞くと「いつも自分の部屋に逃げ込む」から遠くの位置に置いたとのことです。しかし、私にはもっと遠くの誰かに向かって大きな声を出しているように見えたのです。

母親は旦那さんを怒鳴る時に泣き声になります。彼女は二つの行動を同時にしているのです。怒ることと泣くことです。これは相反する行為です。もちろん泣きながら怒ることもありますが、彼女の怒る行為を見ていると、〈怒る〉よりも〈悲しみ〉ながら大きな声で誰かに怒鳴っているような気がしました。そして彼女の表現によると「止められない衝動が沸いてくる」のです。この身体から発している二つのメッセージを知るために、今度は、旦那さんに向かっている方向と逆の方向に向かって怒鳴り声を出してもらったのです。彼女は後ろ向きになり、振り返って叫んだのです。

「あっ、分かった！」

そうです。彼女は旦那さんに怒っていたのではなかったのです。自分の父親に向かって叫んでいたのです。

「もう怒るのをやめて!!」と。

彼女が小学生のころ、父親はいつも母親を怒鳴りつけていました。その風景が甦ったからです。彼女の父は身体が大きく、社会的にも成功していたので、すべてが思い通りにならないと母親に当たりました。父は外では感情を抑えていたのかもしれません。母は優しい人だったので父を受け入れ、我慢をしていたのです。しかし、毎日のように展開される父の横暴に、子ども心にも母がかわいそうでたまりませんでした。そんなある時、彼女は心の中で決めたことを思い出したのです。

「私は大きくなったら母親の代わりに（父に対して）怒ってやる！」

しかし彼女が大人になるころには父親は母親に優しくなっていました。そして彼女は結婚して家を出たのです。そして本人は、その子ども時代のことを忘れてしまっていました。しかし夫が父親と同じ世代になった頃、家の中にいる男性（夫）が怒りを引き出す対象になったようです。本人は怒りながらも、優しくしてくれた旦那さんとの離婚は考えられなかったようです。

このときに私は、バート・ヘリンガーの『愛の法則――親しい関係での絆と均衡』の中の言葉を思い出しました。

「家族が問題を抱える時、それは問題なのではなく愛が〈もつれて〉しまっている状態なのです」というような意味の言葉に、とても感動を覚えたのです。

私たちは、家族の問題を〈問題〉として解決しようとします。しかしそこには答えが見つかりません。**問題ではなく、愛が〈もつれて〉しまっただけなのです。**

ここで母親（娘）は父が権威的に、横暴な態度で、母を怒鳴りつけることを阻止したいと毎日のように思っていたのです。それは母を愛する子どもの力動です。そして父は母に甘えて感情をぶつけていたのです。母もまた娘に「助けて」と心の内で叫んでいたのかもしれません。しかし小学生の女の子は、母の想いを察することができても大きな身体の父に対して母を守ることができないことが辛くてたまらないのです。

いつしか彼女は心の内で、私が大きくなって成長したら母を守るために〈怒ってやる〉と自分に言い聞かせた毎日を送っていたのです。こうして、①父が母を怒鳴りつける。②母は娘に暗黙に助けを求める。③娘は母親を助けたい。そして父に怒りをぶつけたい。しかしそれを無意識に抑えつける。いつしか爆発できる日を待つ、という〈怒りのトライアングル〉が生まれました。

〈怒りのトライアングル〉

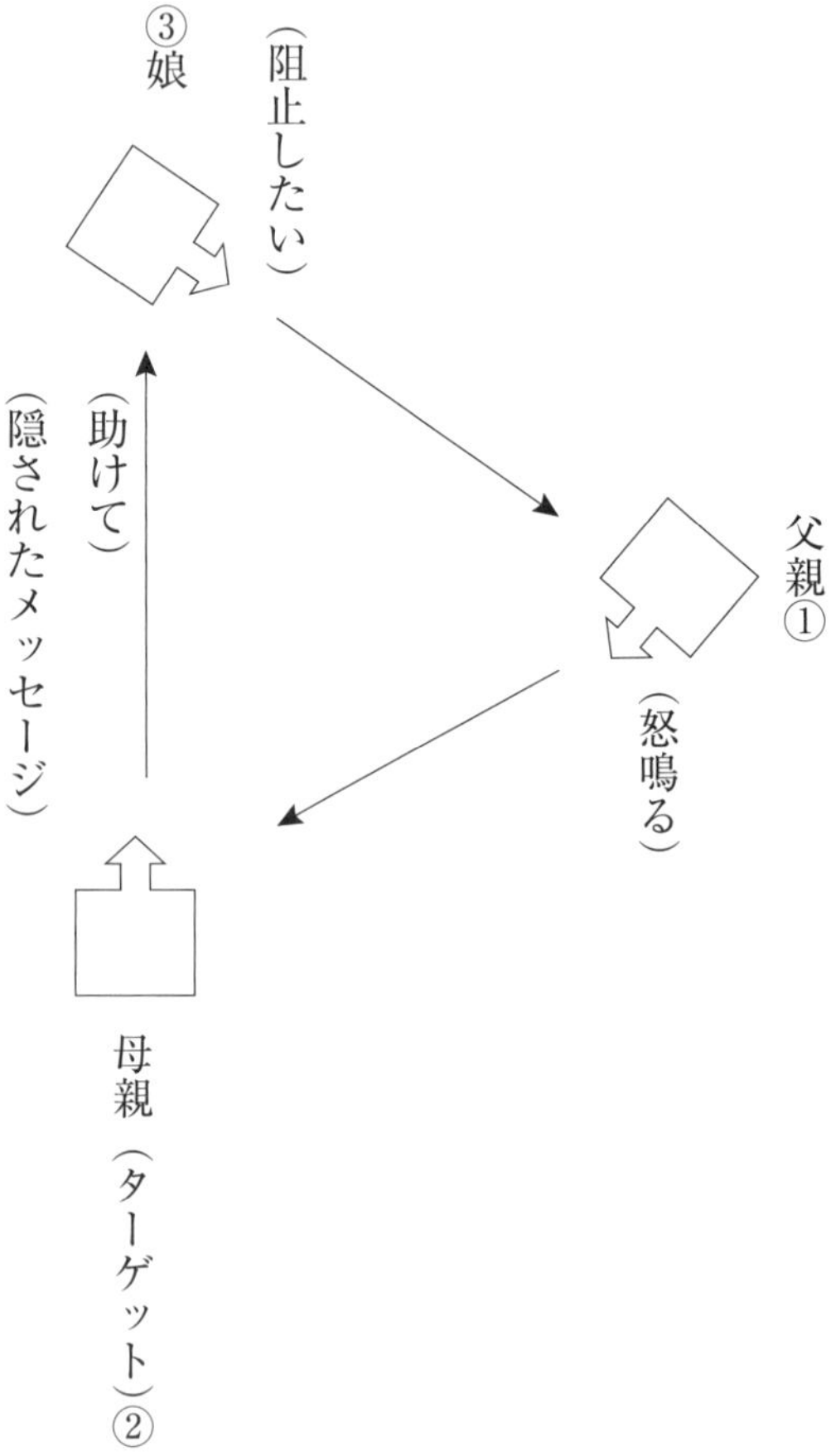
父親①
（怒鳴る）
母親（ターゲット）②
（助けて）
（隠されたメッセージ）
③娘
（阻止したい）

そして大人になって家を出て結婚した時には、両親は互いに落ち着いていたため、彼女は自分の娘時代の怒りを忘れてしまっていたのです。ところが夫が父親と同じ年齢となり、自分も六〇代になると〈怒り〉が衝動として湧いてきてしまっていたのです。しかし本人はその力動の意味が分かりません。それが辛いのです。そのために夫を怒鳴りつけながらも自分自身が惨めです。いつの間にか彼女は、泣きながら怒鳴り声を夫にぶつけていたのです。

「あなた何しているの!!」

と夫に怒りを出しながらも、涙声になっていくのは、子供時代（娘時代）の自分に無意識に戻ってしまっていたからなのです。激情しながら彼女は、子供時代に表現できなかったことを表現していたのです。

怒りのトライアングルは、世代ごとに男性と女性が入れ替わりながら連鎖していきます。第一世代は、父（家主）が妻にぶつける。それを娘（女）が母を守るために父（家主）にと向かいます。第二世代は、娘が母親になり夫に怒りをぶつけます。それを見ていた息子は父がかわいそうと怒りを母に向けます。そして第三世代は、息子が結婚して妻に怒り

〈怒りのトライアングルの三世代連鎖〉

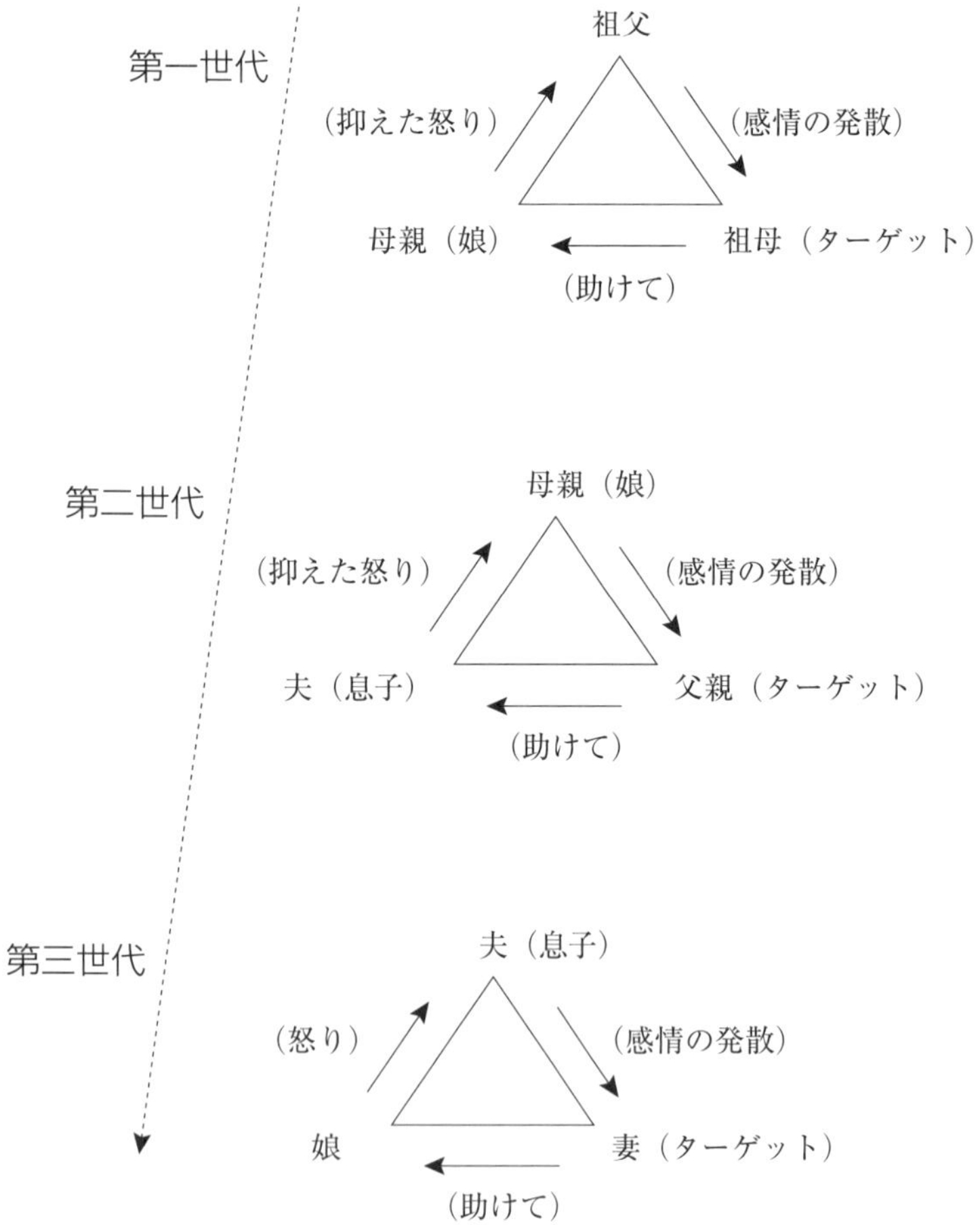

をぶつける。妻は娘にサインを出します。そして娘は父に怒りをぶつけます。こうして最初のパターンに戻ります。

しかし、この家族の世代連鎖は、ここでは解決の糸口を見つけることができました。三代目の家族で、娘が父親に「怒りん坊のお父さんなんて嫌い！」と表現できたからです。そして彼（息子）も母親に直接思いを表現することができているからです。くしくも、それは三代目になって、かつて父親が息子時代に表現できなかったことを息子（孫）が表現したことになります。これは偶然なのでしょうか。あるいは家族の連鎖を食い止める知恵としての解放のシステムなのでしょうか。

どのような〈未完了〉なことであっても、家族のメンバーの一人がそれに気づき、解決の糸口を探し始めた時に、連鎖の〈からまり〉は解けていくのです。**家族の連鎖反応は、そのパターンが意識に上った時、その役割を終える**のです。

4

家族のベクトル

家族には世代から次世代への時系列の流れがあります。これは家屋の構造を維持するために必要な柱のようなものです。その家の骨格のようなものです。この柱はできあがった家に住んでいる人たちには見えません。それは家族を支えるシステムなのですが、住んでいる人たちはそれを意識していないからです。関心も払うことはないのです。

しかし、この柱や梁《りょう》は家族のメンバーの一人ひとりにとっては力動となって働きかけます。これがエネルギーの流れといえます。家族の人たちは自分にそのような力動が働いていることに気づくことはあまりありません。しかしこの見えないエネルギーの力動と方向を注意深く観察することはできます。その力動の流れを、ここでは**ベクトル**という言葉で表現していきます。

ケース⑫　女の原理と男の原理

有村美紗子さんは日本の社会の平均的な家族で育ちました。彼女の悩みはどこにでもある母親と子どもたちの葛藤でもあります。彼女には兄がいます。そして二人の兄妹の関係がギクシャクして互いに近づくことができないと感じていることが悩みです。

この母親と兄妹の人間関係に何が起きているのでしょうか。兄妹の母親に対する小さな葛藤はどこから生まれてくるのでしょうか。その小さな葛藤は泉のように、この家族の内から湧いて来ています。その泉の源泉を探し出していきましょう。

家族の出来事は、その前の世代の人たちが影響していることがあります。その世代が次の世代に対して影響を持ち続けることがあります。その影響の力が続くのは新しい世代が気づくことなく見えない家族のベクトルを受け入れているからです。この〈隠されたベクトル〉こそが家族連鎖の源泉なのです。その意味が分かるまで、ベクトルの力は家族の内から湧き出る泉のように各人に影響を与え続けます。

有村さんはIT企業のシステムエンジニアです。彼女が悩んでいるのは兄との関係です。兄は長男なのですが、いつも母に頼っています。何か起こると母に相談します。兄は結婚の相手も地元の人です。有村さんの家族は日本の歴史が残る京都の町に住んでいます。兄は母の近くにいると安心するので、「結婚は地元の京都の人」と昔から決めていました。

私はそんな母と兄の関係に反発したのでしょうか。大学は東京を選びました。早く家を出たいと考えていたわけではありません。でも高校を卒業する時、自由になりたいと思ったのです。兄は私に「東京に行くなんて母親を見捨てるのか」と怒りました。そんなつもりはありませんが、私はこのような兄の考え方が息苦しかったのかも知れません。母から自由になるというよりも、兄の家族に対する執着心から解放されたいと思ったのです。

私はまだ独身です。東京がとても気に入っています。そんな私の気持ちを察してか、最近は母が頻繁に電話をしてきます。はっきりと私には言いませんが、地元に戻って仕事を探して欲しいという感じを暗に伝えます。母もまた、子どもたちを手元におきたい人なのです。兄と母が私を京都に引き戻そうとすればするほど、東京に残る気持ちは強くなります。

そこで三人の関係を「家族の彫刻」で示してもらうことにしました。互いの関係を〈距離〉で表してもらいました。すると三人の関係が、距離ではっきりと見てとれます。

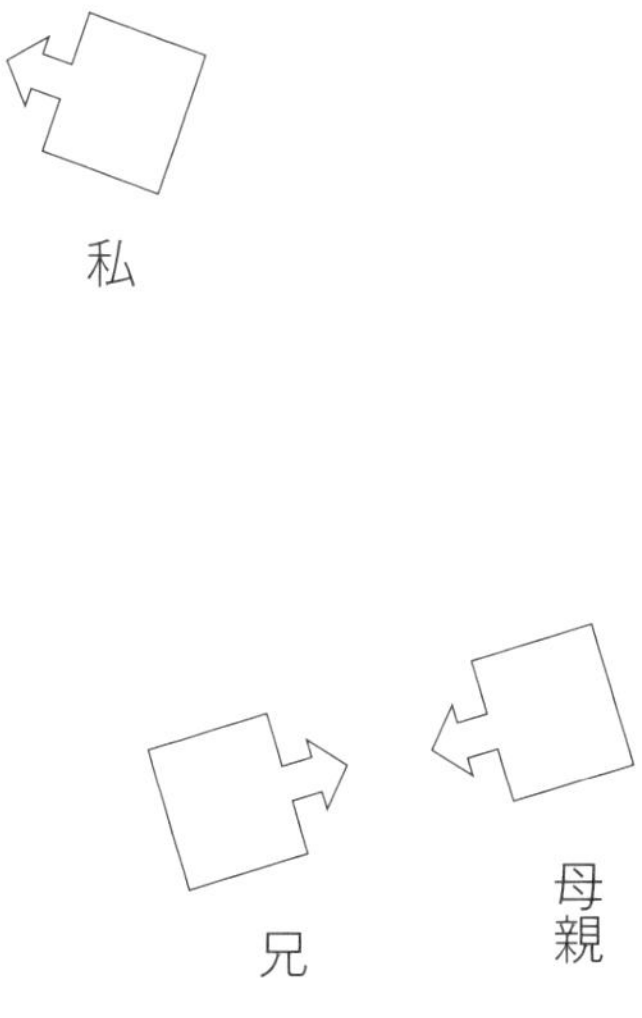

兄は母の近くにいます。私は少し離れている感じです。自分でそうしているところがあります。意識して母から離れているのです。母から口出しをされたくありません。兄はやはり、いつものように母の〈方向〉を向いています。私は二人から距離が離れているだけでなく、兄と母を「見ない」ように意識して距離をとっているのです。

それでも母と兄が一緒にいるのを見ると、私は一人ぼっちになったみたいに寂しい感じがします。本当は私も兄の近くに行って母親の方向を向いたら、どんなに楽になるか分かりません。でもなぜか「そうしてはいけない」というような気持ちが子どもの頃からしていたのです（少し涙ぐむ）。

最初に三人の親子関係が分かるような〈距離〉を示すように指示しました。しかし、家族関係には〈方向〉も強い力動として働いていることが分かります。

ここでは家族に二つのベクトルがあることが理解できると思います。人々が自分の家族について語るときに、その家族の関係性は〈距離〉と〈方位〉という二つのベクトルで表現されるのです。

ここで「そうしてはいけない」と彼女が表現したことに、もっと深い意味がありそうです。そこで家族の全体の関係を知るために、父親を入れることにしました。

父親との家族関係について、彼女はこのように語りました。

「父は家族に対しては何も言いません。父は母の言いなりです。父は母と子どもの三人の中に入ってきません。父を家族の中におくと、私たち三人は突然かたまります。いつものことですが母と子ども同士で、あれこれ家の中のことをやりとりしています。私たちは母とのつながりが強いのかもしれません。父は男だから、そこに入ってきません。兄は男ですが、小さい時から母にベッタリです。」

彼女に父親と本人の関係をたずねると「父との関係では私が近いのです」と答えました。兄は私に「お前はいいよな」と言います。いつも可愛がられているから「俺は父さんとは話し合えない」となじります。子どもの頃はそのように言う兄の嫉妬に「お兄ちゃんはいつもお母さんに頼りっきり」と言葉を返していました。

子どもの頃の父親と母親の葛藤が、大人になった二人に今も生き続けているようです。家族には「父親っ子」と「母親っ子」と、小さい頃に言われた経験のある人は多いでしょう。さらに小さな子どもが「お父さんを好き」、あるいは「お母さんを好き」ということが大人になっても維持されている人もいます。

また親の立場から「お父さんっ子」とか「お母さんっ子」にすることもあります。父親が幼い子どもの一人を「好き」で、母親がどちらかの一人を「可愛がる」という図式です。「家族の彫刻」では、この二つの立場の視点を明確にしていくことが大切なこともあります。

彼女の場合には、両親の関係から「母親っ子」と「父親っ子」ということになったようです。そのことは彼女が兄妹の関係を表す言葉からもうかがい知ることができます。彼女は兄がいつも母に頼りっきりであるから「私はそうしない」と言いました。

しかし、兄が母親に近い〈距離〉と〈方向〉を見ていると寂しい感じになる、と表現したことは「もし、私だって可能なら兄のような位置になりたい」という意味に理解することもできます。また、兄が子どもの頃から妹に言っていた「お前はいいよな。父さんに可愛がられて」という言葉からも、兄妹は両親のどちらも好きであるということを察することができます。

では、彼女の家の構造が、二人の子の〈どちらか〉を好きになるという力動を創り出しているのでしょうか。その力動はどこから来ているのでしょうか。家族しか知りえない昔の出来事なのでしょうか。それとも家族の関係を作り出した夫婦間の出来事なのでしょうか。あるいは父親の生い立ちなのでしょうか。または母親の生い立ちがそのようなことの原因になっているのでしょうか。

彼女は「父がこのように家族に入ってこないのは祖母の影響です」と指摘しました。父の母である祖母はとても強い人です。そのために私の母親とそりが合いません。母親も強い人で祖母と対立していたのです。お互いに同居していたので嫁と姑の戦いは激しかったのでしょう。この二人の対立に男（父）は口を挟むことができなかったのです。

まさに彼女が父親を評して「父は女の中（対立）に入ってきません」という原型がすでにできあがっていたのです。「いつも蚊帳《かや》の外です」と言いましたが、父親はすでに結婚生活を始めたときに強い母親と強い嫁の対立から弾き飛ばされていたのです。もちろん自らそのような立場をとったのかも知れません。

〈祖母と母親との代理戦争〉

今の家族を形作っている親子・兄妹の関係性の源は、兄妹が生まれる以前にすでにできあがっていたのです。

このような嫁と姑の対立が強い場合には、最初の子どもは二人の戦争の道具になることがあります。祖母の力が大きい家族では、孫を取り込むことができます。孫を味方につけることで家族を支配しようとするのが自然な流れでしょう。

もろちん嫁の力が拮抗していれば「(孫を)近づけない」ようにするでしょう。あのような祖母に育てさせることはできないと母親が思う心情は十分に分かります。最初の孫をめぐって誰が愛情をその子にそそぐ権利を得ることができるか、「隠された」方法で争いが生まれます。表向きは「愛情」を孫に注ぎたいという祖母の力動が生まれます。それに対して母親は「愛情」は私の手で注ぎたい、と見えない駆け引きが生まれます。いってみれば子どもは、二人の大人の代理戦争の道具になってしまうのです。

彼女の家では最初に長男が生まれました。そこでは母親が強かったようです。後で示してもらった「家族の彫刻」の位置からも、それは明確です。対立している祖母に長男を「渡さない」ように、母は兄を後ろに置いて守ったのです。兄はある意味、いつも母の背を見るようにさせられたのでしょう。

そして母は自分を守ってくれない夫にも祖母の側につかないように要求したかも知れません。「父は母の言いなり」という言葉からも、それは察することができます。ただ父親にも自分の立場があります。自分の母親を嫌いなわけはないでしょうから、二人の対立に関わらないように「蚊帳の外」にいることを自ら選んだのかも知れません。いずれにせよ、その関係を表すと、次頁のようになります。

これは家族の中の女性の流れ、女性のエネルギーの流れです。女性たちの家族のベクトルともいえるでしょう。男性である父親は必然的にこの女性のベクトルからはずされるのです。むしろそれは自然なことであり、きわめて健康的な出来事でもあります。

母親は対立している祖母から息子（兄）を守るために自分の後ろにいるようにいつも気を遣ったのでしょう。当然の結果として長男はいつも母親に寄り添うように近く

〈女性のベクトル〉

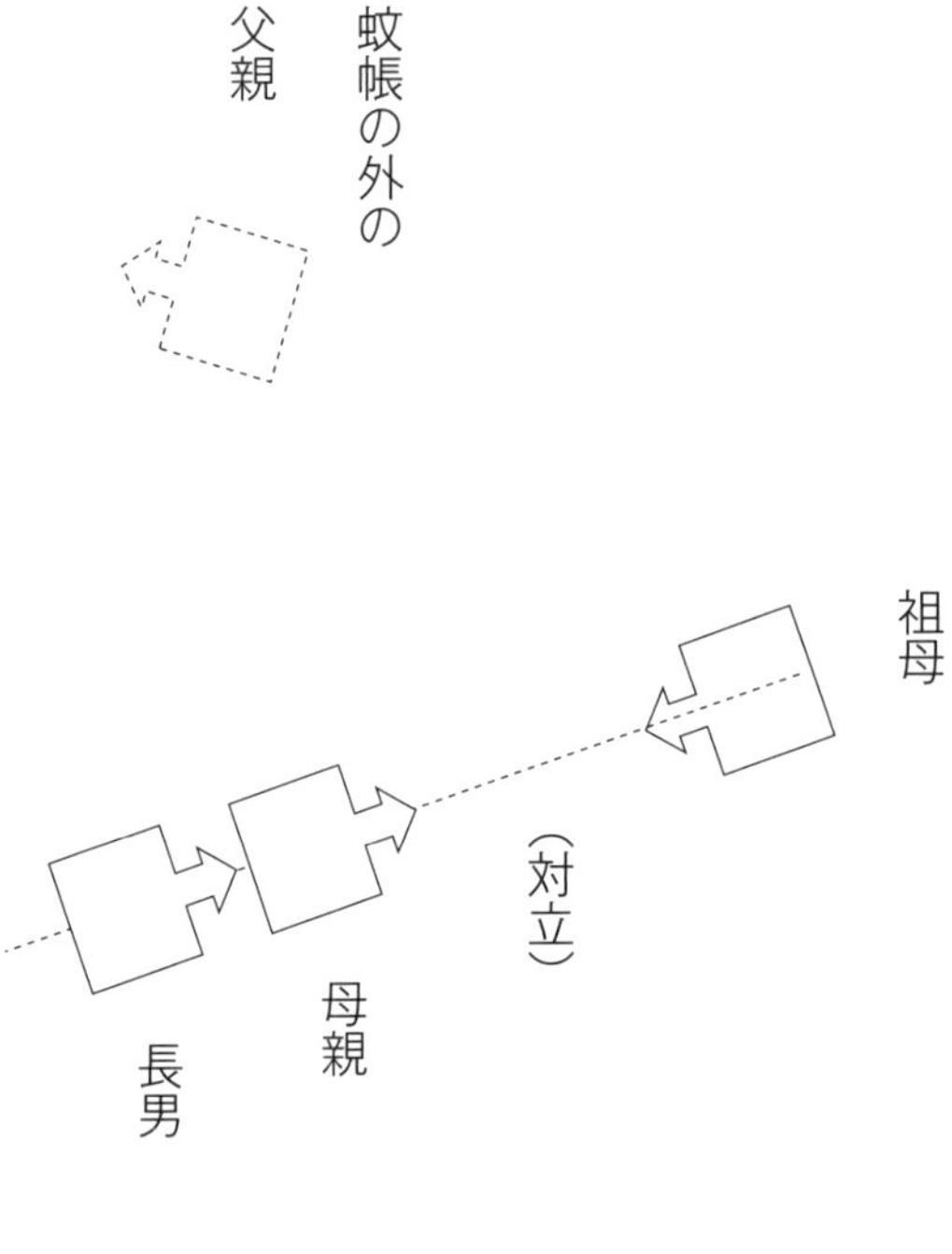

にいます。母親に頼りっきりとなりました。この関係は母親にとって満足のいくことです。このような関係は自然なことです。

さて、第二子の彼女が生まれたときに、どのようなことが起こるのでしょうか。母親がしたことは、祖母に任せるのではなく、父親に近づけることでした。もし仮に祖母の力関係が家族の中で強い場合には、第一子は「お婆ちゃん子」になる可能性があります。しかし、母親も強い人だったので、そのようにはさせませんでした。それでも、第二子まで抱える余裕はありません。母親の手の届かない場所や時間帯に祖母が第二子を「可愛がる」ことが自然の流れです。幸いなことに、父親は「母の言いなり」です。母親は「あなた妹を頼むわよ」と隠れたメッセージを夫に送り続けます。母が好きな父は、その言いなりになります。このようにして、第二子を祖母に近づけるよりも父に近づかせたのでしょう。

兄が言うように「いいよな。お前は父の膝の上にいられて」という言葉が、その結果を表しています。祖母の膝の上には座らなかったのです。この結果はさらに母親を満足させたことでしょう。

このことを可能にしたのは母親の力だけではありませんでした。逆説的になりますが、祖母の強い女の立場がそれを成り立たせたのです。祖母が結婚してまもなく、子（父）が生まれました。しかし祖父は、彼（父）が生まれてすぐに病気で亡くなりました。そこで祖母は、家業を守るために祖父の代役まで務めたのです。祖父に成り代わって家を切り盛りしてきました。彼女が強い女性であったからできたのでしょう。あるいは強い人間にならないと生活していくことができなかったのかも知れません。いずれにせよ、祖母は息子である父に対して「母親」と「父親」の二つの役をこなしてきたわけです。

この祖母に育てられた父親は、きっと彼女（祖母）のように「強い女性（男性的）」であり「愛情の深い女性」であるという二つのことを母親（妻）に求めたのでしょう。これらの関係が分かってくると、彼女が葛藤している意味が、おぼろげにもその輪郭を現してきます。

ここで私は「母親と二人の子ども」の関係が、このようにして創られてきたことを示そうとしているのではありません。兄妹の「小さな葛藤」のテーマから両親の関係性とその前世代の関係が微妙に影響していることを示したいのです。その影響とは、それぞれの家族で異なります。一つの決まりきったパターンや傾向があるわけではないのです。それぞれの家族には「世代の見えない力動」が働いているという事例を示すためのものです。

それでは、強いはずの祖母が、なぜ満足しているのでしょうか。長男は母っ子になり、次女は父っ子になったのです。どちらかをおばあちゃん子にすることも可能だったかもしれません。そのことを理解するために、ベクトルという視点から見てみましょう。

家族には「力動」が存在するということです。この力動は物理学ではベクトルで表わされます。家族の関係を〈距離〉と〈方向〉という二つのベクトル（力動）で表現すると、世代を結びつけるラインが生まれます。家族連鎖の二つのベクトルが「今―ここ」の家族にも息づいています。兄は祖母と母親の女性のラインの上にいます。妹は祖母（祖父）と父親の男性のラインの上にいます。祖母は女のベクトルとして母親と対立していています。しかしそのベクトルの流れの上に孫（長男）がいることで満足しています（次頁の図を参照）。

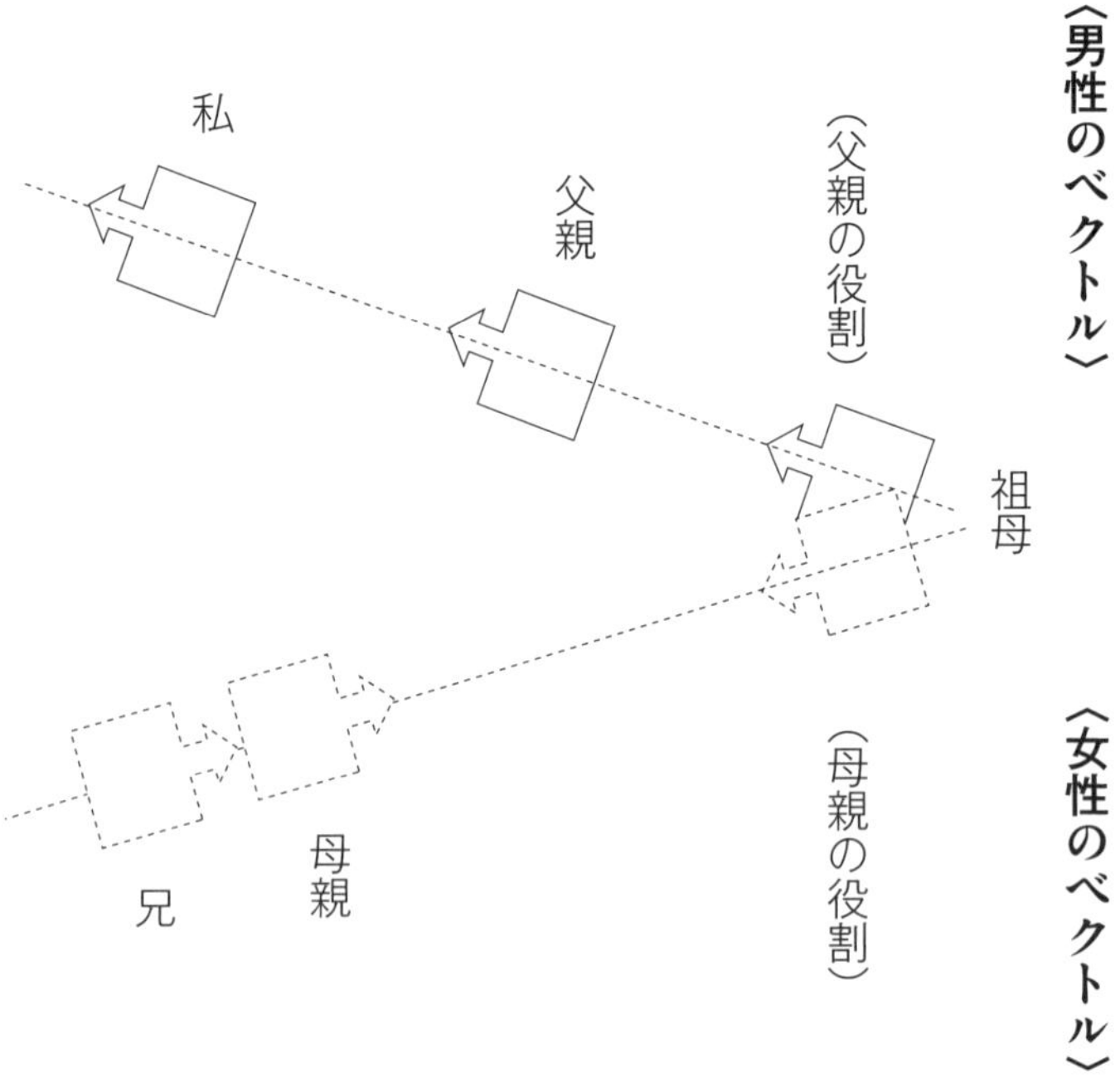
〈男性のベクトル〉
（父親の役割）
私
父親
祖母
〈女性のベクトル〉
（母親の役割）
母親
兄

祖母は祖父の家系の仕事を継いでいます。そのベクトルの上に父親と孫がいることで満足しています。祖母は二人の孫を二つのラインに乗せたことで世代をつなげる役割を果たしたことになるのです。女のベクトルとして世代が長男に引き継がれていき、男のベクトルとして世代が有村さんに引き継がれていくことで満足しています。

もし彼女（妹）が母親のベクトルの上にいることができたら、兄と妹の葛藤はなかったかもしれません。もし彼女が男として生まれていたら、自然な流れとして振舞っていたかも知れません。しかしそれはあくまでも仮定です。有村の家族に祖父母の見えない世代間伝達のベクトルがあることが分かってもらえたら十分です。

さて、ベクトルの延長線の上にいるとは、どんなことでしょうか。祖母に立ち向かっている母親の延長線上に長男がいます。祖母は自分と対立している母親の線上にいる兄を敵と認識します。頭で理解するのではなく、動物的に感じてしまうのです。また母親は、対立している祖母のベクトルの上に長男を置いたので、敵の視線にさらされていることを本能的に感じとってしまいます。ますます我が息子の安全を守るために自分の子どもを後ろに回します。このようなことはスポーツでは守備のライン、攻撃のラインとして知られています。サッカーやラグビーの攻撃陣と守備陣の配置のようなものでしょうか。

祖母はよく父に母の悪口をいったと言います。しかし父は母が好きなので何も言わないのです。そして二人の女の戦いから蚊帳の外に身を置いたのです。とても賢明な父親だったと思えます。一方、妹は父の延長線上にいるので、父から可愛がられたのです。彼女の意識化された言葉によれば、「私は女なので父の膝の上に座っていた」ということです。

このようにしてできあがった二つのベクトルの延長線上にいる兄と妹は交わることがないのです。祖父のラインのベクトルは男の原理です。男のベクトルは「属した家族から外の世界」を目指します。彼女はしたがって、家族の外の世界を望みました。祖母のラインのベクトルは（たとえ対立していたとしても）女の原理です。それは家族というまとまりの世界に留まることが原理です。その女のベクトルのラインの上にいる兄は、家族という枠の中に留まる道を選びます。

それぞれが異なる原理のベクトルに配置された兄と妹は異なる人生観の原理で生き

ていこうとするのです。家族という二つのベクトルの原理の上に生きていくのです。

アメリカの思想家、ケン・ウィルバー（Ken Wilber 1949−）は、この二つのベクトルを「**男性原理と女性原理**」として述べています。男性は**エイジェンシー**、つまり**自律性**に従う傾向があり、外の世界を見るようになる、その一方で女性は**コミュニオン**、つまり**共同性や交流・感応性**に従うので家族という共同体の〈場〉の内に意識が向かうようになる、と指摘しているのです（松永太郎訳『インテグラル・スピリチュアリティ』春秋社、参照）。

次頁の表は、人が持っている男性原理と女性原理を表わしたものです。この二つの原理はひとりの人間のなかに内在しています。男性が男性原理を持ち女性が女性原理を持っているというよりは、ひとりの人間のなかに二つの原理があるということです。その原理は家族の中で子供たちに伝えられていきます。

母親が娘に女性原理を伝え、父親が息子に男性原理を伝えることが一般的と言えるでしょう。しかし同時に父親が娘に女性原理を伝え、母親が息子に男性原理を伝えるのです。あるいは母親が男性原理で家族を仕切っていることもあります。父親が女性原理を核にして人生を謳歌していることも稀ではありません。

男性原理・男性性の特徴の例	女性原理・女性性の特徴の例
エイジェンシー（自律性、自立）	コミュニオン（関係性、連帯）
オーダー（秩序）	カオス（混沌）
陽	陰
厳しさ	優しさ
かたさ	やわらかさ
合理性（論理的）	非合理性（本能的）
思考的	感情的
「正義の倫理」（自主性、正義、権利）	「ケアの倫理」（関係性、思いやり、責任感）
二元論	一元論（直観）
構造	非構造
タテ	ヨコ
父性	母性

（青木・久保・甲田・鈴木『インテグラル理論入門Ⅰ』春秋社、一三九頁より）

いずれにせよ、家族の中で両親は、意識的に、あるいは無意識的に子供たちに生きる原理としての〈男性原理〉と〈女性原理〉を教えていくのです。このアプローチは夫婦の関係で異なります。同居している祖父母の関係にも影響されます。

家族の構成メンバーのバランスによって微妙に変化していくのは自然なことでもあります。新しい世代の子供たちは、親の世代からこれらの原理を吸収しながら大人に成長していきますが、**この原理の理解の仕方は、国家やその社会、時代あるいは宗教や文化によっても大きく影響する**のです。

第4章

家族連鎖の理論的背景

1 ゲシュタルト療法

〈ゲシュタルト療法とは〉

ゲシュタルト療法は、精神分析医フレデリック・パールズ（Frederick S. Perls）とゲシュタルト心理学者であった妻のローラ（Laura Perls）によって創られた実践的な心理療法です。実践的という意味はクライアントの過去や生育歴を分析したり、解釈したりせずに**「今—ここ」中心の心理療法**であるという意味です。

ゲシュタルト療法の理論的な背景の一つとして、ゲシュタルト心理学があげられます。ゲシュタルト心理学とは人間が「世界をどのように認識するか」という実験心理学であり、その定義のひとつに「ゲシュタルト」という基本概念があります。ゲシュタルトとは、ドイツ語で「全体性」とか「分割することのできないもの」という意味です。人間が世界を認識するのは「意味のあるゲシュタルト」に気づいた時なのです。

私があなたを認識するとき、あなたの「手」「足」「胴体」「表情」「胃袋」「心臓」……を個別に認識するわけではありません。それらの全体（ゲシュタルト）として、あなたを認識します。同じように精神と身体を分けず、一つのゲシュタルトとしてとらえます。

ゲシュタルト療法は〈気づき〉に焦点を当てる心理療法でもあります。**人が世界を認識する時〈気づき〉が起こる**からです。人だけでなく、植物や動物は生きていくために自分たちに必要なことに〈気づく〉能力を持っています。植物は栄養を得るために根を土のなかに伸ばしていきます。その時に水分や栄養素がある方向を察知する（気づく）ことができるからです。地上では葉っぱや新しい芽は太陽に向かって伸びていきます。明るい太陽の光に〈気づき〉向かっていく能力を獲得したからです。

動物はさらに複雑な〈気づき〉の能力を持っています。空腹を感じた時、動物は餌を探して行動します。その時に五感覚（視覚、聴覚、嗅覚、味覚、触覚）を用いて必要なことに気づきます。また人は、幼い子どもでも喉の渇きや唇の渇きに気づくことで、水を飲みたいという自分の欲求を知ることができます。そして水分の補給が必要なら、その行動をとることができます。

パールズ夫妻はこの気づきを三つの領域に分けました。一つ目の領域は、**外部領域**です。自分の身体の外のある現実の世界に五感覚を用いて〈気づく〉ことができます。二つ目の領域は、**内部領域**です。これは身体（精神も含む）に意識を向けることと同義です。私は身体の痛み、呼吸、空腹感、喜び、疲れなどに〈気づき〉、そして行動や表現をすることでゲシュタルトを形成する（不足を完結させる）のです。三つ目の領域は、思考する気づき（脳の機能）で、**中間領域**と呼ばれます。人はこの脳の機能が発達したおかげで文明や文化を創りだせたといえます。

ゲシュタルト療法の大きな特色の一つは、**身体と精神（心と体）を一つのものとしてとらえている**ことです。「私」という人間は身体と精神が二つに分離して存在することはありません。例えば、精神的に不安を感じている時、その人の身体は筋肉（肩や首、呼吸筋など）を緊張させます。悲しみを感じた時は涙を流して泣きます。逆に、身体を緊張させている時は精神が不安定になります。不安や怒り、不眠、イライラなどの精神的な現象が現れます。このことから、クライアントが自分の問題について話している時に意識化された言語表現だけでなく、**クライアントの身体が「今―ここ」で表現していることに注目するる**のです。

ゲシュタルト療法のアプローチは、私たちが自分自身を分裂させたり、人と対立したり、自分の感覚を切り離してしまったものを**全体として統合する方法（ゲシュタルトの形成）**でもあります。

このゲシュタルト療法の〈気づき〉を説明するために、パールズは「図と地」の概念を用いました。ここに〈ルビンの杯〉の図が五個接続して並び、二段組みになっています（上図）。この図は「杯」に見える時と「人の顔」に見える時があります。

しかし、あなたは同時に「杯と顔」を見ることはできません。「杯」を見ている時は人の顔が見えなくなります。そして「顔」を見ている時には杯は見えなくなっていいます。その瞬間にどちらか興味がある方を見てしまい、興味が薄れると新しい刺激を求めて、もう一方が気づきの対象に上がってくるのです。

この原理を用いて〈気づき〉を説明しました。人は自分にとって必要な事柄が「図」になって浮かび上がります。この浮かび上がった図を**フィギア**（Figure）と彼は呼びました。その一方で見えなくなっているもう一つの図を**グランド**（Ground）と呼びました。ゲシュタルト療法では、意識に上がって来るもの（杯か顔のどちらか）をフィギア（図、形）と呼びます。そして興味がなくなったり、新しい刺激の背景になって意識の外に消えていくもの（杯か顔のどちらか）をグランド（地）と呼んでいます。

人はお腹が空けば「食べ物」が意識の上にあがってきます。「今日はラーメンでも食べたいな」とか「あそこのお蕎麦屋《そばや》に行こう」とお昼のランチに意識が向いてきます。それまでしていた仕事やインターネットで検索していたことは意識の背景（グランド）になってしまうのです。

ところがお昼の食事を食べ終わると今度は「コーヒーを飲みたいな」と新しいことに意識が動きます。すると彼の意識は「コーヒーショップはどこだろうか」と捜し求めます。今まで興味があった「ラーメンかお蕎麦」は食べ終わって満足していますから意識の背景（グランド）になってしまいます。彼はいつも行っているコーヒーショップのチェーン店に自然と足が動き出します。コーヒーショップに入ると、今度は「何を飲もうか」とコーヒーの種類に意識が向きます。飲みたいコーヒーがフィギア（図）に上ります。しばらくすると新しい仕事のアイデアが浮かびました。「そうだ。これは面白そうなアイデアだな」と席を立ちたくなってきます。このとき彼の中では、仕事に関する興味のあるアイデアやそれに関係する人物像がフィギア（図あるいは形）となります。コーヒーはもう意識の外（グランド、あるいは地）になってしまいます。

このように**気づきとは意識のプロセス**でもあるのです。その一瞬一瞬に必要なことや（身体的・精神的に）興味が向いていることが気づきの焦点となっていくのです。〈未完了〉な事柄はいつもフィギア（図か形）になって意識の上に上ってきます。それは完結するまで続くのです。この〈未完了な事柄〉（未解決な問題）については、後に詳しく説明していきます。それらがどのように家族連鎖と関わるのかが大切なことなのです。

〈家族連鎖を理解するための四つの柱〉

現代のゲシュタルト療法は、さまざまな理論的な背景を取り入れています。家族連鎖というテーマを理解するために、ゲシュタルト療法で取り入れている、「場の理論」「家族の彫刻」「未解決な問題」「身体記憶」という四つの理論をここで紹介します。

これらの視点から、家族はどのように見ることができるのでしょうか。ここではまた、世代間の伝承や家族連鎖ということを、心理学あるいは心理療法でどのようにとらえているのかを紹介していくつもりです。

家族という集団は、どのような特色のある集まりなのでしょうか。そこには家族の特有な心理的要因が生まれます。家族における心理的な関係性は、言い換えるならば家族を維持するために〈機能〉（システム）が存在しているということです。その機能は、どのように理解することができるのでしょう。この家族の〈機能〉について、社会学や人類学、あるいは心理学では、さまざまな視点から理論化する試みがなされてきました。

家という建築物を維持するには柱という支えが必要です。この柱に当たるのが以下の四つの理論です。家族連鎖を理解するためには四本柱があるということです。

一つ目の柱が「**場の理論**」です。家族という特有の空間で互いの人間関係がどのように結びついているのかを分かりやすくするために「場の理論」が用いられています。場の理論とは、家族あるいは特有の集団は互いに見えない磁場を共有していると考える理論です。

二つ目の柱は「**家族の彫刻**」です。このアプローチを用いて家族の関係性を視覚的にとらえることが可能になりました。これは**エンプティチェア・テクニック**（あるいは、空イスの技法）としてさまざまなカウンセリングにも使われています。それぞれの家族のメンバーを「空のイス」に座らせて対話を進めることから、そのように呼ばれています。

三つ目の柱は「**未解決な問題**」というゲシュタルト療法の独特な理論です。人は〈未完了〉な感情や体験があると、その未解決な問題を解決させるために浮かび上がらせます。それは時間と空間を越えて存在し続けます。家族は世代から世代へこの〈未完了〉なことを引き継いでいくシステムでもあるのです。この未完了な事柄に焦点を当てて解決への糸口を探していきます。

四つ目の柱は「**身体記憶システム**」という視点です。最近の欧米の心理療法の世界では、心を知るために身体に注目することが一般的になりました。言葉だけに頼る傾聴などでは深い部分に触れることができないからです。人は言語体系のコミュニケーションだけではなく、話している時の相手の表情や仕草、声のトーン、姿勢や動作など、身体的な表現から発せられる**非言語的なメッセージ**を受けとってコミュニケーションをしていることが分かってきました。**家族が一つの人格を持つととらえると、家族の身体的コミュニケー**

ションはどのようにして成り立つのか、という哲学的な視点が展開されます。

さて日本の家の構造はこの四つの柱によって支えられているのですが、それだけでは家の造りを強化することはできません。家を支える骨格が四つの柱であるとすれば、その四本柱をつなぎ合わせて支えているのが梁になるわけです。この梁のシステムがなければ震度の強い揺れに耐えることはできません。この梁は四つの柱を強化するための定理や原則でもあります。この梁に当たる定理や原則は四つの理論を互いに連携させるものとして働きます。

それぞれの四つの理論は、家族連鎖というものを生み出していく原理や力動をどのような視点から理解することになるのでしょうか。またそれは解決の糸口となるのでしょうか。それらを理解するために、まず「場の理論」から考えていきたいと思います。

2 場の理論

〈レヴィンのグループ・ダイナミックス〉

家族は特定の空間を共有しているそれぞれの各メンバーで成り立っています。各メンバーの一人ひとりは個人の意志によって行動をとります。意志の力だけではなく個人の感情や気持ちにそって自分の行動、行為、人間関係を決めていくわけです。各人が人間らしくなる自己成長への道すじでもあるからです。

しかしその背景には、いつも「磁場」のような**見えない家族の影響力**が働いています。時にはその見えない「磁場」からの影響を、個人が自分の意志ととらえて行動してしまうことが起こります。ここでは、この家族という特定の空間を創り出している「磁場」の働きについて触れていきたいと思います。

近年のゲシュタルト療法は、アメリカのみならずオーストラリア、フランス、ドイツなどに広がり、世界的な発展の第三段階に来ています。それだけにさまざまな理論的な構築がなされてきました。その一つが「場の理論（Field Theory）」なのです。

「場の理論」はゲシュタルト心理学の研究者**クルト・レヴィン**（Kurt Lewin 1890–1947）が提唱したものです。彼は**グループ・ダイナミックス**の研究者として世界的に知られていま す。グループ・ダイナミックスとは、集団の力学を研究するために集団規範や集団意志決定、あるいは集団目標や集団構造などを研究する実践的な心理学です。個人の心的力学の背景に存在している集団力学の原理を解明しようとしたわけです。

心理学はフロイトの精神分析から始まり、ユングの分析心理学やエリック・バーンの交流分析など、さまざまな理論的な発展がありました。これらの心理学あるいは心理・精神療法家の人たちは、心の解明を「個人の発育過程」の問題としてとらえてきたのです。心とは何かということを理解するためには「個人の心の中」で起きていることを理論的に科学的に説明しようと試みてきたわけです。

しかしレヴィンは、**個人の心はその個人が属している集団によって強い影響を受けているる**ことに気づいたのです。人間は個人で生活しているわけでなく、家族や職場、宗教団体、地域社会など、集団との関係によって成り立っているからです。今までの心理学は

「個人の発育過程」や「個人の心理的なプロセス」に注目することが主流でした。そのため心理学や精神療法は個人の「心の問題」を理解しようと、個人の心の中を探求してきた学問でもあったのです。いってみれば心理学とは個人心理学であるともいえたわけです。

このような時代的な流れのなかで、レヴィンの業績は、個人の心の動機や因子は「個人が所属する集団」との関係性や動機、欲求などの因子にあることを提唱したことにあります。彼はグループ・ダイナミックスの研究で「**生活空間**」という概念を提唱しました。つまり、それまでの個人心理学的な視点による個人の無意識による力動や生理的、性的な欲求という考え方から脱して、**「人は所属している集団の関係性から生まれる動機や欲求によっても行動する」**という個人と環境の相互作用による新たな視野を提供したわけです。

このことにより、心理学は個人心理学から集団・グループ関係の心理、グループの力動、グループ・ダイナミックスに焦点をあわせる必要があると考えられるようになりました。一九六〇年代、カリフォルニアで起きた**人間性回復運動**（ヒューマン・ポテンシャル・ムーヴメント）では、カール・ロジャーズが**エンカウンター・グループ**を創りあげました。マズローは、人間は生理的欲求が満たされると、社会的所属や自己成長・自己実現を求めるようになることを指摘して、**トランスパーソナル心理学**の提唱者の一人となりました。同時代のゲシュタルト療法の考え方の背景に、集団、グループ、社会、文化というものを取り入れようとした動きが生まれてきたのはある意味で当然ともいえるでしょう。特にその背景には、レヴィンの「場の理論」あるいは「集団」という新しい視点が取り入れられているのです。

〈磁場とは何か〉

グループのプロセスを理解するために、〈磁場〉の理論が用いられました。では、磁場とはどのようなことでしょうか。磁場を分かりやすくするために、次のようなことをイメージしてみてください。

まず、白い紙の上に、砂を均等に並べて置いた状態を想像してください。

そしてこの砂はただの砂ではなく、砂鉄がたくさん混じっていると思ってください。

その白い紙の上（あるいは紙の下）に磁石を配置すると、何が起こるでしょうか。

小学生のころ、誰でも学校でこのようなことを実験したことがあると思います。

磁石が置かれた場所（方向）に砂鉄が引き寄せられて集まります。磁石を置くことで、磁場の均衡が変わるのです。磁石は見えない力で砂鉄を引き寄せます。

さらに二つ目の磁石を紙の上（あるいは紙の下）に置いてみましょう。すると磁場が変化して、最初の磁石と新しい磁石の強さの関係によって砂鉄が二つの場所に移動していきます。さらに磁石を増やしていくと、三つ、四つの磁場の力学の法則に従って互いのバランスが均衡するまで砂鉄は変化していきます。

砂が多い場合には、中の砂鉄の動きは見ることができないでしょう。しかし磁石の一つを取り出してみると、その磁石に連なって、砂鉄が糸のようにくっついて持ち上げられます。このように、砂のなかにある「磁場」の存在は表面的には見えないのですが、互いの磁石の間では、砂鉄を磁力の強さに応じて引き寄せる力が働いているのです。

場の理論では、それぞれの磁石を個人としてとらえていきます。家族という特定の集団を「場」としてみた場合、個人は「特定の空間」の中で「場」を形成することになります。その個人と個人の間は、**互いに目には見えない磁場のエネルギーによって関係性が保たれている**のです。ある磁石が大きく磁力が強ければ、砂鉄を引き寄せる力も強く働いていることになります。あるいは小さな磁石でも、磁力が強ければ大きな磁石よりもさらに強い力で場に影響を与えます。この互いに引き寄せ合っている磁場の磁力は目に見ることはできません。家族という特有の集団の人間関係でも、互いの心の引力の強さを客観的に見ることはできないのです。

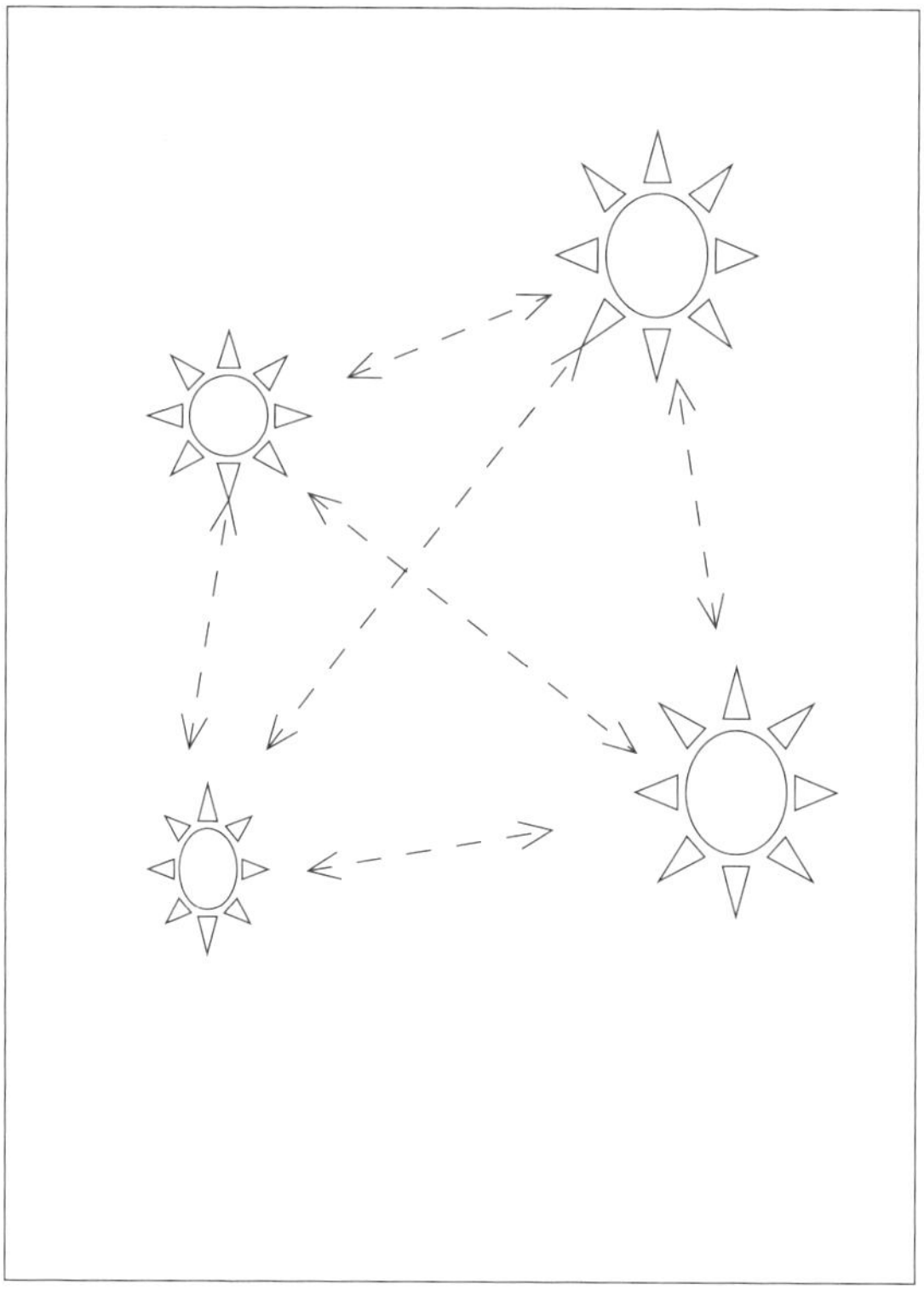

家族は磁場でつながっている

それにもかかわらず、目に見えない磁場の働きを互いに察知しながら関係性を作り出しているのが家族なのです。

このような考え方の基本になったものが、レヴィンが提唱した「場の理論」ですが、これは彼が発案したわけではありません。この「場の理論」は、実は物理学の概念なのです。もともと一九世紀のイギリスで、マイケル・ファラデイ（Michael Faraday 1791–1867）という物理学者が提唱した電磁場の理論をジェイムス・マックスウェル（James Maxwell 1831–1879）が発展させた古典電磁気学に端を発するものです。ここでの「場」とは「磁場（magnetic field）」という意味です。

この磁場の概念を使って集団力学や人間関係、環境と集団の関わりを説明しようとしたのがレヴィンでした。彼は、人の行動を**環境との関わりによって変化するもの**ととらえ、個人の〈動機〉や〈欲求〉が生まれたり、変化していくプロセスとしてとらえようとしたのです。

ゲシュタルト療法は、この「場の理論」を用いて集団や家族、職場や文化、社会の動きを理解しようとしてきました。ここで試みているのは、この「場の理論」を〈家族連鎖〉

というテーマに沿って眺めてみるということです。家族のさまざまな個人の葛藤が**家族という「場」の産物として生まれてきている**ということを示してみたいのです。

家族というシステムは、この磁場をどのように意識的に、無意識的に活用しているのでしょうか。

それらを理解するためには、この理論を支えている原則や法則を知っておくことが必要です。ここでは、これを「定理」という形で表現します。原則や法則として示すほど、まだ臨床的なデータが蓄積されていないため、少し柔軟な表現にしてみました。

定理１　空間には座る位置がある

家族のメンバーには、空間のなかでそれぞれが〈座る位置〉があります。前出の図（125頁）を例に挙げてみましょう。白紙の空間の中で、四人の家族はそれぞれの磁場の強さ（弱さ）によって自然な位置が決まっていくのです。もし、一つの磁石が強い磁場を持っていれば他の磁石を引き寄せる力が強くなります。また逆に反作用で反発する力が働く磁石もあります。

この磁場の力を家族の中の親と子どもの関係と見ることも可能です。あるいは家族の中にある男性と女性との関係性ととらえることもできます。また個人の感情の強弱（喜怒哀楽）と表現することもできます。各人の性格（外向的、内向的）ととらえてもよいでしょう。あるいは各人の人生観や価値観が磁力の強さや弱さに現れるともいえるでしょう。

いずれにせよ、**見えない磁場の力の均衡がもたらした結果として、メンバーが自然な〈位置〉を獲得する**のです。

定理2　特定の場には役割が生まれる

この特定の空間では、**家族という「場の空間」を維持するためにそれぞれの役割が生まれます**。親は子どもを育てる役割を担います。子どもは家族の中で「子どもらしく振舞う」ことでその役割を演じるのです。男性は女性や子どもを養うために家族の外の世界に意識が向かうようになります（男性原理）。昔から男は、狩をしたり部族を守るために敵と戦います。女性は家族を養うために空間の内部に意識が向かうようになります（女性原理）。家族のために料理をしたり、家の中を掃除したりします。あるいは各メンバーのコミュニケーションの中心になります。

この役割は自然に生まれたものです。メンバーで話し合ったり、討論をして決めるのではありません。それぞれが暗黙のうちに役割を担うのです。

定理３　役割には上位と下位が生まれる

特有の空間を共有している家族、職場、同好会などは自然に求められた役割をそれぞれが担うようになります。その役割は二つの方向性を持っています。

一つは**家族、集団という場の方向性を決定していく役割**を持ちます。方向性を決定することで、特有の集団は社会や自然のなかで生き延びていくことができるのです。これは家族ならば親の役割といえるでしょう。会社ならば管理職、あるいは経営者の役割です。

もう一つの役割は、**上位によって決定された方向性を具体的に実行していくこと**です。組織を維持するためにいろいろな職種があるように、家族にも意識されていないさまざまな役割があって、それぞれのメンバーが担っています。

家族の面倒を見る子どももいれば、みんなを笑わせて明るい雰囲気を作り出す子どももいます。上位の位置に居る親にもいろいろなタイプがあります。力や権限を行使する親もいれば、合理的な行動、話し合いを重要とする親もいます。また愛情豊かな母親もいれば、父親よりも冷静で合理的な行動をとる母親もいます。

そのような意味で、役割は二つの上位と下位に分かれているのですが、どのように振舞うのかは、それぞれの家族の見えない関係性によって決まっていくものです。例えば両親が離婚した場合や、どちらかの配偶者が病気で亡くなったりした場合には、解決の糸口は一つではありません。再婚をすることで片親の役割をうめる家族もいます。また一人の親が両方の役割を演じることもあります。さらに子どもが母親の役割を引き受ける家族もいます。

定理4　空間には時系列の流れが生まれる

人が関わる空間には、それぞれ意味のある何かが創り出されていきます。特に家族という集団は、それぞれの固有な〈空間〉と〈人間関係〉を作り出しながら、親から子どもへ、世代から次の世代へと受け継がれていきます。

家族の〈空間〉を理解するために「場の理論」から導き出せるいくつかのポイントがあります。しかし、この定理は直接的に「場の理論」であるとは言えません。家族伝承の世代間の流れが存在するのですが、それを家族という「場」に当てはめてみたということです。

ここでは「場の理論」を応用することで、家族連鎖をみていきます。ゲシュタルト療法の視点から見る家族は、**世代から世代へ受け継がれる価値観、人生観、態度などが「今―ここ」の現時点に存在していて家族に影響を与えている**ということです。

そのために、家族という空間に〈時系列〉という視野を加える必要が生まれてきます。その影響力は親から子どもへ、子どもから次の世代へと〈時系列〉的に受け継がれているのです。家族のメンバーは、家族を守るために「座る位置」が暗黙の中で決まります。その家族の座る位置が決まると「役割が生まれる」のです。そして家族という集団は、社会のなかで生存するために「上位と下位」の役割を創り出します。

そして〈時系列〉にその構造を次世代へ担っていくシステムを生み出したのです。そのことは個人が意識していないことが多いのですが、それは生まれた時から求められている役割であり、座る位置であるのです。家族が**危機を乗り越えるために互いが取り交わした暗黙のルール**ともいえるでしょう。

3 家族の彫刻

(1)「家族の彫刻」の時代背景

さて、これまで本書でとりあげてきた「家族の彫刻」には、どのような理論的な背景があるのでしょうか。

一つには、**「家族療法」**を始めた**バージニア・サティア**(Virginia Satir 1916–1988)の流れがあります。彼女は「家族療法」を展開するプロセスで、家族の人たちを世代順に並べて彫刻のように第三者に立ってもらったのです。すると、両親と子供たちの関係やお互いのコミュニケーションの関係がとても視覚的に表れたのです。

稲村博教授が登校拒否の治療の過程で、この「家族療法」を取り入れたのは自然なことです。両親と子どもの関係を視覚的に観察することができるからです。視覚化されることで、より家族の実像が分かるのです。さらには他の家族のメンバー間の関係も理解しやすくなります。

〈ジェノグラム（心理的家系図）の開発〉

家族療法では、ボウエン（Murray Bowen 1913–1990）が多世代理論と呼んだ家族システム論が最も有名であると思われます。彼が開発した**ジェノグラム（心理的家系図）**は、今日の〈家族の問題〉に関わる家族療法セラピストの基本的なアプローチになっており、世代連鎖を解明する明確な手がかりを与えてくれるものです。

家系図は複雑な家系の流れや数世代に及ぶ系図を表しますが、このジェノグラムは、家族療法のセラピストたちが家系図を用いて機能不全に陥った家族の問題を理解するために開発してきたものです。その基本になったのがボウエンのジェノグラム（心理的家系図）なのです（次頁の図を参照）。関連図書に、このような記述があります。

「以前は7、8世代以上にわたる家系を調べるのに使われていたが、その際、どこにどのような症状、問題があったのか、新しい光に照らして理解するためのより広い枠組みが必要だとわかり、事実上の系譜にはない多くの心理的な事柄を含めるようにな

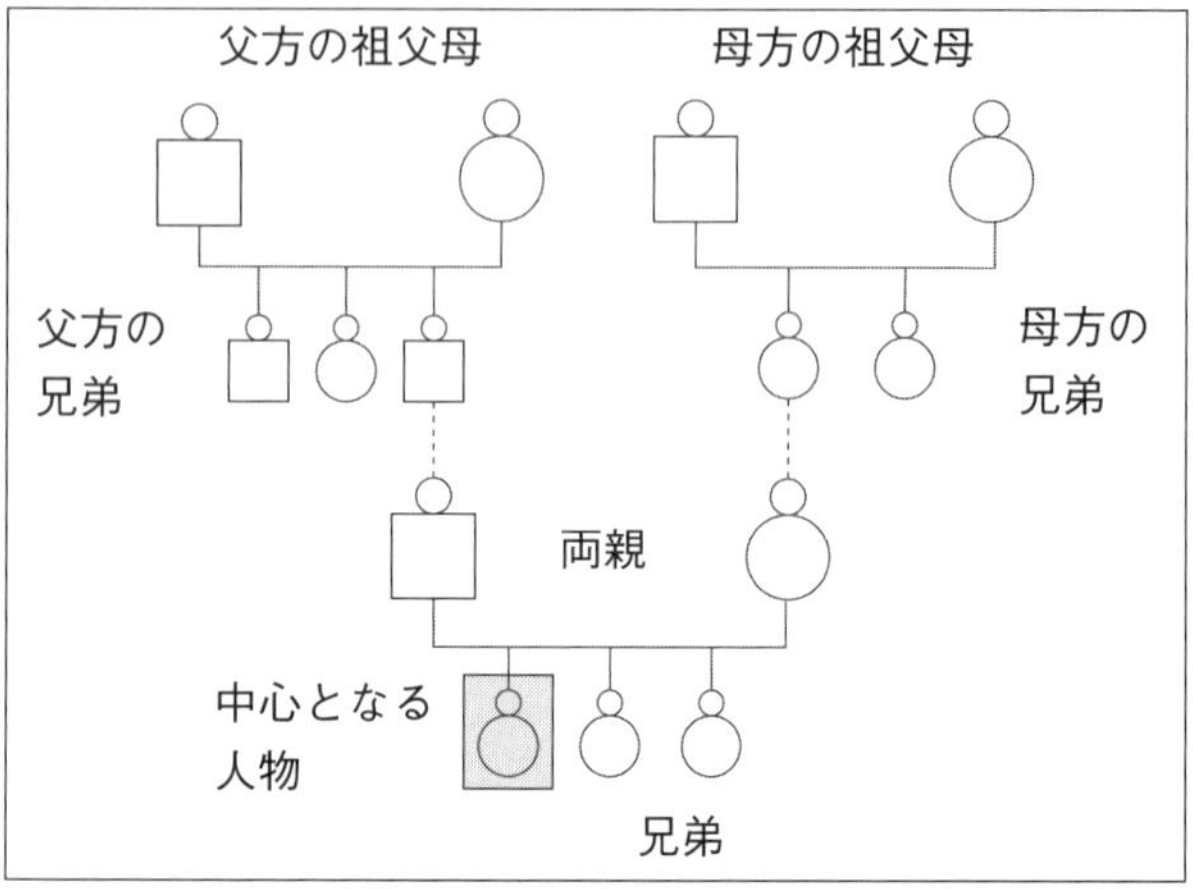

ジェノグラム（心理的家系図）

各人物の横に、各々のフルネーム、生年月日、最終学歴、死亡日と死因、身体的・感情的問題を書き添える。人物を表す四角（男性）や丸（女性）の中に、現在の年齢を書き入れる。祖父母や両親を結ぶ水平線上に結婚の日付もしくは離婚の日付を書き入れる。

った。」

（ジョン・ブラッドショウ『ファミリー・シークレット』青山出版社）

例えば、本人がこのジェノグラムを作成することによって、アルコール依存症であったり、性的な依存症（情事）をくり返していたのは、問題があると思っていた母方の家系ではなく、社会的にも成功していた父方の家系であったこと（家族の秘密）に気づくことができます。

また最近では、**バート・ヘリ**

ソンガー（Bert Hellinger 1925–）が「**ファミリー・コンステレーション**」（システミック・コンステレーション）としてこれを発展させています。この「ファミリー・コンステレーション（家族コンステレーション。家族の星座、家族布置ともいう）」はヘリンガーによって広く世界に知られるようになりました。彼はドイツに生まれ、二〇歳でカトリックの修道院に入り、以来二五年間、カトリックの司祭として活動しました。アフリカのズールー族に影響を受け、四〇歳代半ばから精神分析を学びました。そして彼は、原初療法、ゲシュタルト療法、交流分析、ＮＬＰなどの心理療法に大きな影響を受けました。

家族コンステレーションは、家族療法の分野で、すでにこの名称が使われていました。彼はこの家族療法を学び、独自のヘリンガーワークへと発展させたのです。現在では、家族コンステレーションと言えば彼の名前と同義語になるほど、世界的な評価を受けています。

ヘリンガーは家族コンステレーションにおいて、個人が抱える病や苦しみ、暴力の背景にある「家族システム」の力動をジェノグラムの手法（理論）を用いて明るみに出しました。それらの要因となっている「魂のもつれ」を解きほぐしたのです。そしてその源には愛があると語っています。私が感銘を受けたのは、彼の姿勢です。「家族の問題は誰が悪いのでもなく、家族の愛がもつれてしまったことにある」、とその著作の中で述べています。

なお、本書の理論的な背景は、先にも述べたゲシュタルト療法です。ゲシュタルト療法についてはは拙著『気づきのセラピー』（春秋社）で詳しく説明してありますので、こちらもご参照ください。このゲシュタルト療法の基本的なアプローチに「エンプティチェア・テクニック」、あるいは「空イスの技法」と呼ばれる対話法があります。人間関係で葛藤のある相手を「空のイス」に座らせて対話するのです。もちろん自分を育ててくれた人物や、もっと理解したい相手でもかまいません。

エンプティチェア・テクニックでは、クライアントの家族の構成メンバーを「空のイス」に座らせて対話します。その配置された家族メンバーの「空のイス」の〈位置〉から、家族という場の関係性が視覚化されて浮かび上がってくるのです。

私は二〇年以上も、エンプティチェアを用いた家族のワークを、延べ八〇〇〇人以上の人たちに対して行なってきました。その経験の中で、家族の世代間の連鎖に気づいたのです。そこで、私は家族の世代間の伝承をエンプティチェア・テクニックでどのように理論づけることができるのか、どのようにこのアプローチを整理すると理解しやすいのか、というところから「**家族の彫刻**」という言葉を選んでみたのです。それはバージニア・サティアから生まれた「家族療法」や、バート・ヘリンガーの「ファミリー（家族）コンステレーション」と区別するためでもあります。そういう意味からすれば「家族療法」で使われている「家族彫刻」とも異なるのです。

(2) エンプティチェアの効用

家族を理解するために、エンプティチェアにもとづいた「家族の彫刻」はとても役立ちます。家族という特有な集団が抱えている問題をエンプティチェアを用いて**外在化、視覚化、イメージ化することで、客観的に観察することができる**からです。エンプティチェアのアプローチによって、下記のことが明確にできます。

〈エンプティチェア・テクニックの効用〉

①内面世界の外在化。
②精神の身体化。
③家族（人間関係）の葛藤の視覚化。
④家族のインパス（行き詰まり）のイメージ化。
⑤世代間伝達の構造（パターン）を動的に捉える。
⑥家族の「未解決な問題」のプロセスを即興劇として表現する。
⑦ゲシュタルト（全体性）の完了。未完了なプロセスの統合。

目の前に配置した「空のイス」を見ることで、治療者側だけでなく、クライアント自身（ワークをしている本人）も、家族の「未解決な問題」について明確にすることができます。家族のメンバーの心の動き（精神）や互いの人間関係の緊張を外在化することができるのです。家族の人間関係の葛藤を視覚的に見ることで、気づき（洞察）が生まれます。

また家族が行き詰まっている状態（インパス）を構図として視覚的に見ることで、一人ひとりの内面の心の状態が浮かび上がります。さらに個人の感情や気持ちを身体で表現することも可能です（身体化）。このようなプロセスを経て、**全体性（ゲシュタルト）**を取り戻そうとする機能が働くのです。

家族のインパスや世代間の関連を視覚化することで「家族の隠されたメッセージ」は陽の当たる世界へとさらされるのです。

家族の目に見えない関係性を目に見えるように「今―ここ」の空間に浮かび上がらせるアプローチは、これまで述べてきたように家族の空間に〈座る位置〉を示してもらうことでもあるのです。家族のメンバーの座る位置は**〈距離〉と〈方向〉という二つのベクトル**として表現してもらいます。このことによって家族をダイナミックな力動として観察できるようになるのです。

ある人が、家族の人間関係に悩んでいるとします。エンプティチェアでは、そのような人間関係を**生きたエネルギーの力動として見ることが可能**なのです。そのために家族の人たちの位置を配置してもらうのです。これが「家族の彫刻」と呼んでいるものです。これは「家族療法」から生まれた「家族彫刻」と、ゲシュタルト療法の「エンプティチェア」を統合しているので、区別するために「家族の彫刻」と名づけています。

AさんとBさんのケースをみてみましょう。

AさんとBさんは家族の人間関係という同じ悩みを抱いています。二人とも母親との関係がうまくいきません。「私は母親との関係がうまくいきません。とても緊張してしまうのです」と、同じような課題をテーマにしていました。

AさんとBさんの「家族の彫刻」を見るために、家族のメンバーの関係を配置してもらいました。

（Aさんのケース）

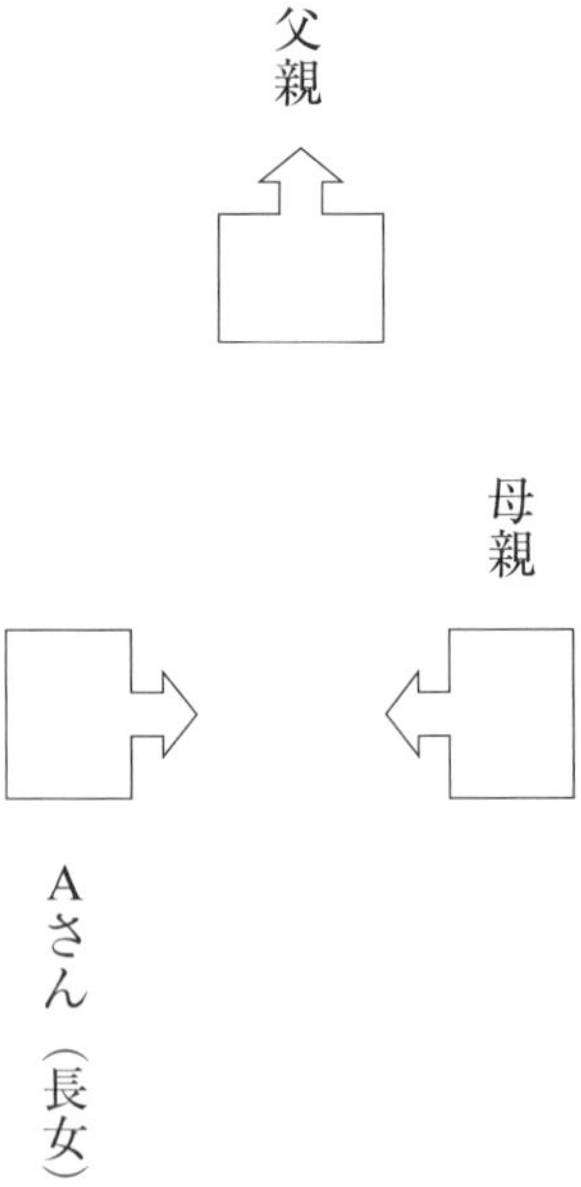

（Bさんのケース）

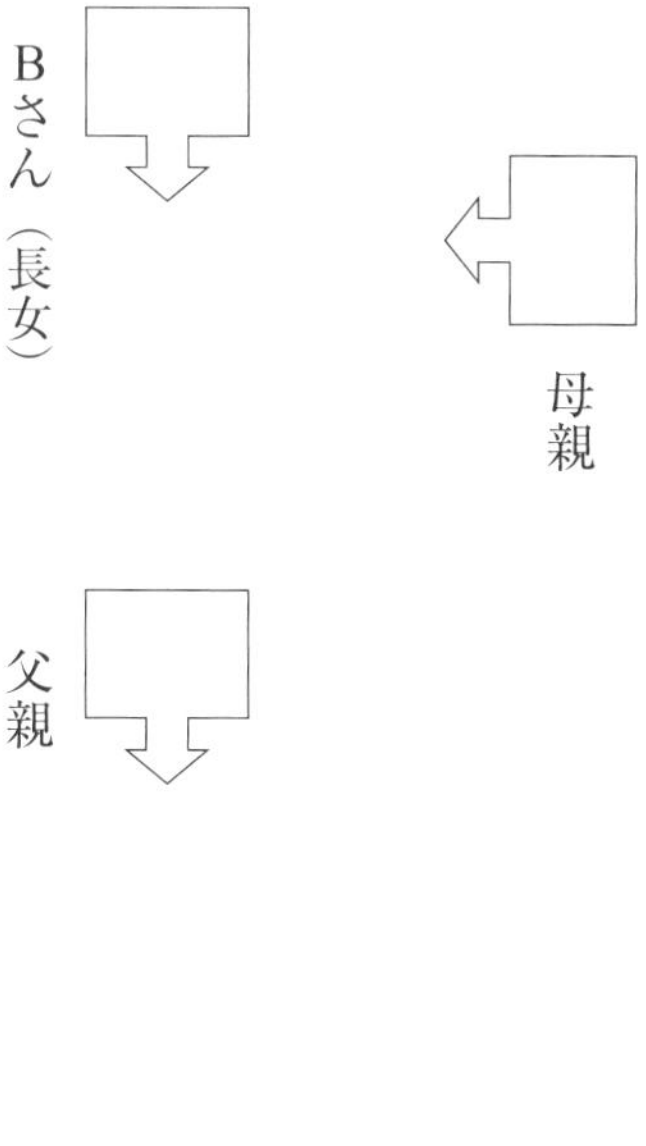

同じように「母親との緊張関係に悩んでいる」と言っているAさんとBさんは、とても異なる〈位置〉に座っています。

Aさんの場合は、父親と母親の関係がうまくいかないことを表現しているのかもしれません。あるいは母親がAさんに家族をまとめるように期待しているのかもしれません。Aさんはその母親の期待に応えられないと悩んでいるのかもしれません。母親と「緊張がある」という表現で表しているものは、実は家族全体がまとまりがないので家族全員がAさんに「まとめ役」になってもらうことを暗に求めているのかもしれません。

Bさんの場合は、家族の中で父親がみんなとうまくコミュニケーションがとれないことを表しているのかもしれません。あるいは母親と父親の葛藤をBさんが「まとめ役」として何とかしようとしているが、父親を母親の方に振り向かせることができないということなのかもしれません。

「家族の彫刻」には、**同じパターンは存在しません**。言葉は、家族と「うまくいかない」「対立している」「理解しあいたい」と似たような表現をしますが、内容はそれぞれの家族にとって全く異なっています。

この家族という場の空間には、それぞれが〈座る位置〉が生まれます。その座る位置は〈距離〉と〈方向〉で示すことが可能です。一つは**家族間の人間関係の深さや親密さを表す〈距離〉**です。二つ目が**互いの親密さや葛藤を表す〈方向〉**です。この二つの因子を「ベクトル」という概念を用いて表すことができます。

ベクトルとは、物理学では、「向き」と「大きさ」をもつ物理量のことを言います。一般的には方向性、志向性、視点、座標軸を表す時に使われます。ここでは〈距離〉のもっている方向性、志向性などを座標軸の一つとしてみていきます。〈方向〉も物理的な力動を表現する二つ目の座標軸として扱います。

定理１　家族の緊張は距離に現れる

はじめに家族メンバーの関係性を表すお互いの〈距離〉を示してもらいます。この〈距離〉のベクトルによって、さらに家族の関係性や緊張が明確になっていくのです。

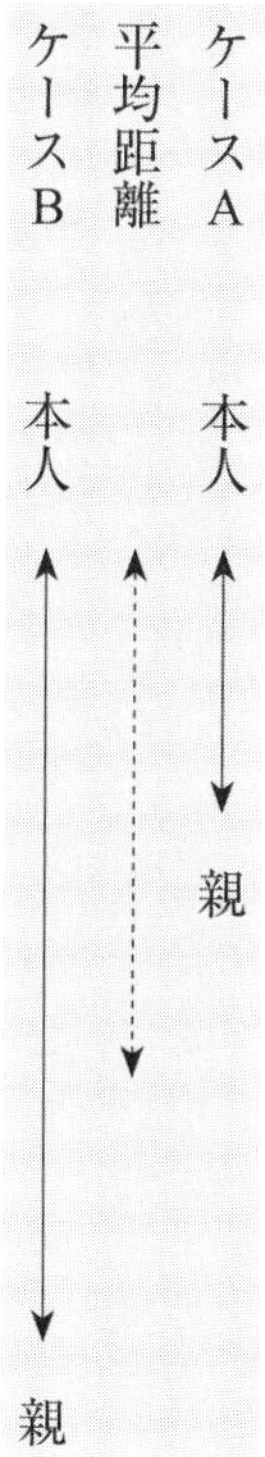

ケースＡでは家族メンバーの〈距離〉が近く、人間関係が近いところ（愛情、憎しみ、

対立など）で関わりが起きています。時には家族のメンバーの距離が近すぎると、互いの欲求や要求が強くなることがあります。そこで**心地良い関係の〈距離〉を探すことがアプローチの基本的なポイント**になることでしょう。

ケースBでは人間関係の〈距離〉が遠いことが家族の問題なのかもしれません。親と子どもの愛情の関係が対立していたり、疎遠だったり、一方が要求している、などの関係が見えてきます。

定理2　家族の関係性は方向に現れる

二つ目のベクトルとして家族の互いの関係を〈方向〉で示してもらいます。この〈方向〉が加わることで、家族構成の心理的関係を視覚的に観察することが可能になります（次頁の関係図を参照ください）。

ケースAはお互いが相手の正面を見る〈方向〉です。二人は相手を見て愛情を受け止めています。あるいは反発し合っています。そして〈距離〉が近いか遠いかで意味合いも異なります。「私のことをちっとも分かってくれない」と怒りを感じているかもしれません。

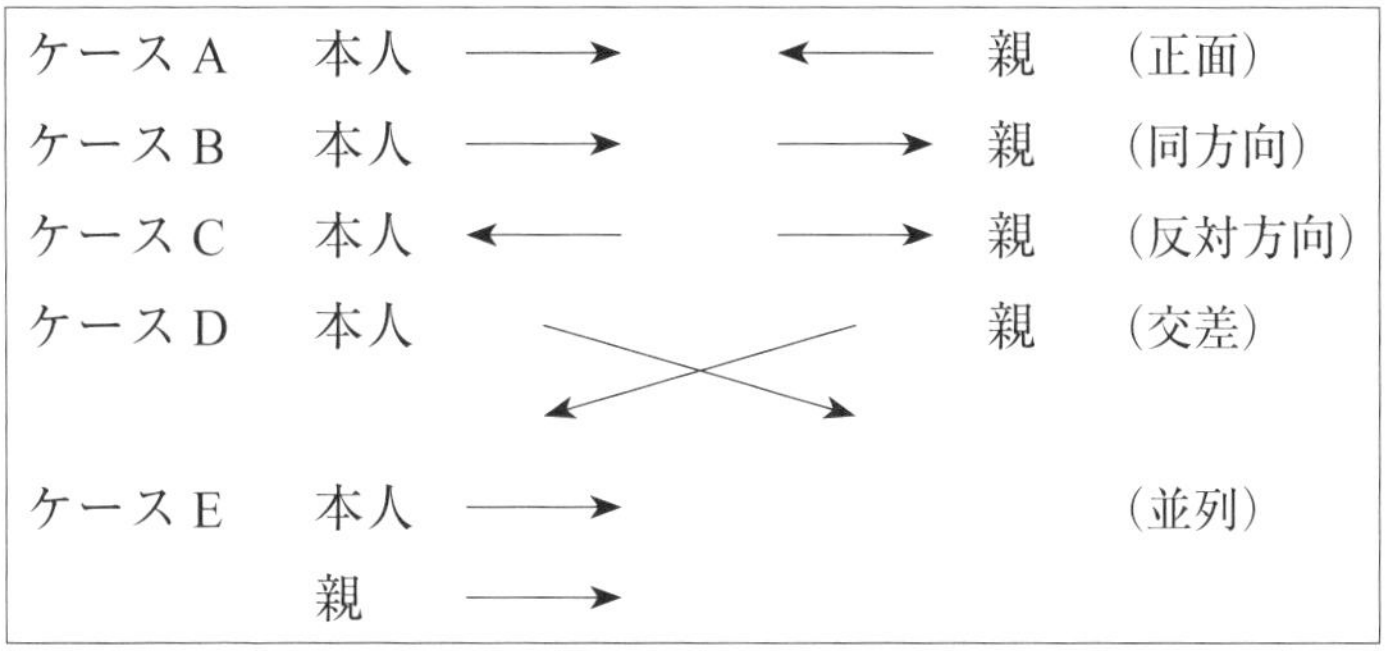

ケースA	本人	→ ←	親	（正面）
ケースB	本人	→ →	親	（同方向）
ケースC	本人	← →	親	（反対方向）
ケースD	本人	✕	親	（交差）
ケースE	本人	→		（並列）
	親	→		

あるいは母親（父親）に「私の方を向いて欲しい」と訴えているのかもしれません。

　ケースＢは同方向を向いています。親の生き方を望んでいるのかもしれません。あるいは親は子どもに関心がないのかもしれません。子どもは親の〈方向〉が離れていくのを寂しく感じていて「私をあなたは見捨てるつもり」と感じているのかもしれません。

　ケースＣは互いに独立した方向を向いています。自立した関係であれば良いでしょう。しかし緊張関係を表していることもあります。

　ケースＤは〈方向〉が交差しています。異なる家族のメンバーに関心が向いていることもあります。あるいは緊張が強くならないように視線をずらしていることもあります。

　ケースＥは親子が横に座り同じ方向を見ています。親子の場合には、しばしば親密な関係性の現れとして表現されることもあります。

ゲシュタルト療法家は、家族の関係をパターン化して理解しないように注意しています。「距離が近いから良い関係である」「距離が離れているから問題である」「互いの方向が反対だから対立している」。このように**パターン化することは**、カウンセラーや治療者側の**思い込みを引き起こすことがある**からです。そのため、二つのベクトル〈距離〉と〈方向〉は家族を理解するための糸口を示してくれるもの、と**一歩引いた立場で考えることが大事**になります。

家族の位置を表わす三つ目のベクトル3は、ベクトル1（距離）とベクトル2（方向）のそれぞれの強さによって決定されます。ベクトル1が強ければ、ベクトル3はベクトル1に近くなります。またベクトル2が強ければ、ベクトル3はその影響力に引き寄せられて近くなります。家族のメンバーの位置は、他のメンバーとの関係で〈距離〉のベクトル1と〈方向〉のベクトル2の影響を受けて決まるのです。磁場をもつ空間の中では暗黙のうちに一瞬にして決められます。

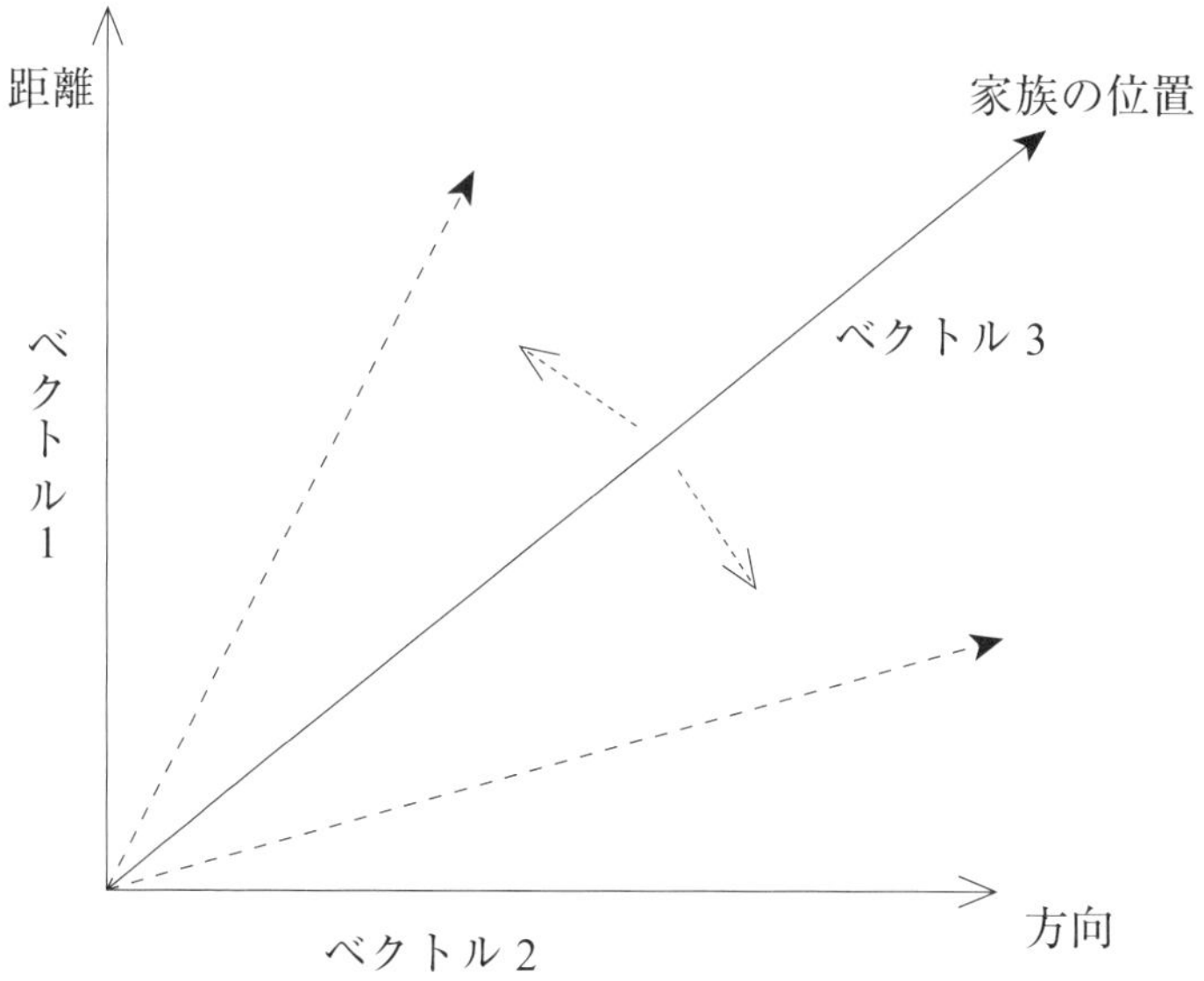
距離
家族の位置
ベクトル 3
ベクトル 1
方向
ベクトル 2

4 未解決な問題

家族連鎖というテーマを分かりやすく理解するために、ここではゲシュタルト療法の基本的な考え方であるアンフィニッシュド・ビジネス（Unfinished Business）という概念からとらえていきたいと思います。これは日本語では「未完了な事柄」とか「未解決な問題」と訳されています。

フリッツ・パールズは人間を有機体としてとらえたのです。人や動物は、生存するために「今―ここ」の現時点で必要なことに気づく能力を備えています。例えば水分が不足してくれば、のどの渇きに〈気づく〉ことができます。餌が必要ならば空腹を感じとります。あるいは、人や動物は体を傷つければ傷口が癒されるまで安全な場所で動かずに身体を休ませます。このように生き物は**有機体として生存に必要なことを感じたり気づいたりするようになっている**のです。

この原理は精神的なことでも同じようにあてはまります。人間は動物の中で最も精神

（心）を発達させることができました。そのために、人間は精神的な「未解決な問題」にも対応する能力を獲得してきたのです。精神（心）も、不足したものを補充させる機能が働きます。人間の赤ちゃんや子どもは寂しさや愛情の不足を感じたら母親を求めます。不安を感じると母親に近寄って肌で安心感を十分に感じられるまで母親にしがみつきます。大人になっても、この機能は同じようにはたらきます。大人でも甘えたい気持ちや寂しさを感じると友人に電話して話をしたりします。あるいは家族に会いたくなります。このように、有機体としての人間は精神も同じ原理で**不足している〈未完了な〉心の穴を埋めるために必要なことに気づく能力**を獲得してきました。

もし、この生存に必要なことを満たすことができなかったとしたら何が起こるでしょうか。その〈未完了〉な事柄に対して、さらに欲求が高まっていきます。生理的な例をあげると、水分が不足したのに水を飲まないでいると「喉の渇き」がさらに強くなっていくのです。空腹をおさえていると「空腹感」はさらに強くなっていきます。つまり**今、身体が生きていくために必要なサインをさらに高めていくのが有機体の原理**なのです。

精神の機能も、これと同じことが言えます。もし人が悲しい体験をしているのに泣かずに我慢していると、どんなことが起きるでしょうか。もし寂しさを感じているのに人に会うことを抑えているとしたら、心の中で何が起きるでしょうか。もし怒りを感じていても表現できないでいると、心の中で何が起きるでしょうか。

悲しみや甘えたい気持ち、寂しさや怒りはさらに高まっていくのです。つまり感情や気持ちは、〈未完了〉で表現されないでいると、それを刺激する出来事や人に出会うと過剰な反応を起こしてしまいます。このように**〈未完了〉な感情や経験は時間と空間を越えて存在する**のです。それが完了するまで、日常の刺激に出会うと〈浮き上がる〉のです

この〈未完了な〉状態を「未解決な問題」といいます。この「未解決な問題」は、**解決されることを求めて、「今—ここ」の現時点にいつでも浮上してくる**のです。

この「未解決な問題」を理解するために、次頁の図を見てください。

3Dのマジカルアイの方法を試したことがあるでしょうか。マジカルアイの図には一見、無数の点があるだけに見えます。しかし視点を交差させて一点を凝視していると、隠されていた図が浮かび上がってくるしくみになっています。（次頁の図はマジカルアイではありません）

無数の点

表面にはランダムな点があるだけのように見える。

隠されていた図形

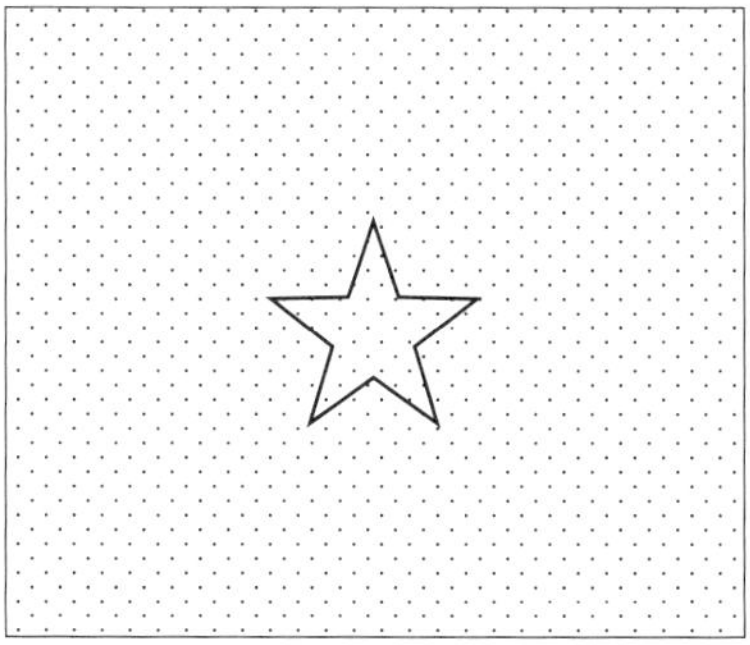

視点を交差させていると、隠されていた図形が浮かび上がる。

私たちの〈未完了〉な感情や、抑え込んで感じないようにしていた「未解決な問題」も、日常の生活では見えないように隠されています。

このように「今―ここ」の現時点では、あたかも存在しないように見えるのですが、いつでも存在し続けているのです。時間と空間を越えて存在し続ける、というのがゲシュタルト療法の「未解決な問題」の概念です。

もしこの「未解決な問題」が、もっと深刻な事柄や暴力を受けた体験であった場合はどうでしょうか。人には話せないような辛い体験であった場合には、それらが「浮上」してこないように抑え込む力動はとても強いものになってしまいます。その抑え込む力動が強すぎると、人は「未解決な問題」を持っていないように振舞うのです。

このように解決の方法が見出せず、表現することができない状態を「インパス（impasse行き詰まり）」と呼ぶこともあります。このインパスは、**心の中で感情が動かない状態**なので、ポーラ・バトム女史によれば、パールズは魯迅の言葉を使って「フローズン・ファイア（Frozen Fire）」と呼んでいたと言います。日本語では「**凍りついた炎**」という意味になります。人は、このようにインパスの状態にいるときは感情を凍りつかせてしまうのです。しかし、その凍りついた中で〈未完了な〉感情は燃えているのです。

定理1　未完了な感情や経験は時間と空間を越えて存在する

〈未完了〉な感情や経験は、完結するまで続きます。

人と接するのが「怖い」と感じたりする人のケースで説明してみましょう。彼（彼女）は「集団や人の集まる空間などは居心地が良くない」と訴えています。しばしばセッションの中で、子どものころに「いじめにあった」とか「両親が子どもたちに暴力的に接していた」という体験が現れます。このような場面で、彼（彼女）は自分の気持ちや自分を守るために相手に怒りを自由に表現できなかったのです。大人になって、その体験や経験と類似した事柄が起きたりすると、〈未完了〉な感情や気持ちが表面に出てくるのです。職場で親に似た雰囲気の上司に出会ったりすると、同じような怒りの感情が動き出すのです。

ある男性は両親が共働きで忙しかったので、大人になっても一人でいると寂しさを感じてしまいます。それから逃れるために、一緒にいてくれる彼女をいつも求めています。彼は彼女に、必要以上に傍に居ることを要求するようになりました。

このように〈未完了〉な感情や経験は、時間と空間を越えて存在します。そのことに気づき、〈未完了〉な感情を十分に経験して、**安心で安全な方法で（身体で）表現することによって完結していく**のです。

定理2　「未解決な問題」は世代へ連鎖する

未完了な感情や経験よりも、少し意味が重い出来事や辛い体験が「未解決な問題」と呼ばれます。この「未解決な問題」は、子どものころに学校でいじめられたり、両親の仲が悪くケンカが絶えない家庭で育ったり、子どものころに愛情を受けて育てられなかったような場合に起こります。

しかし、その親もまた、親自身が「未解決な問題」を抱えていることも多くのケースで見うけられます。自分の子どもに暴力をふるう父親は、自身が子ども時代に実母や実父から虐待を受けて育っていたり、祖父母の時代に経済的に破綻して家族が離散するような経験があり、不安の強い家庭であったなど、いろいろなことが影響している場合がありま す。子どもの不安が強い場合には、その両親がとても情緒的に不安定な人であるというようなこともあります。実は、その祖父母が感情の表現が激しく、家族の中で独善的に振舞っていたようなことがあったりします。

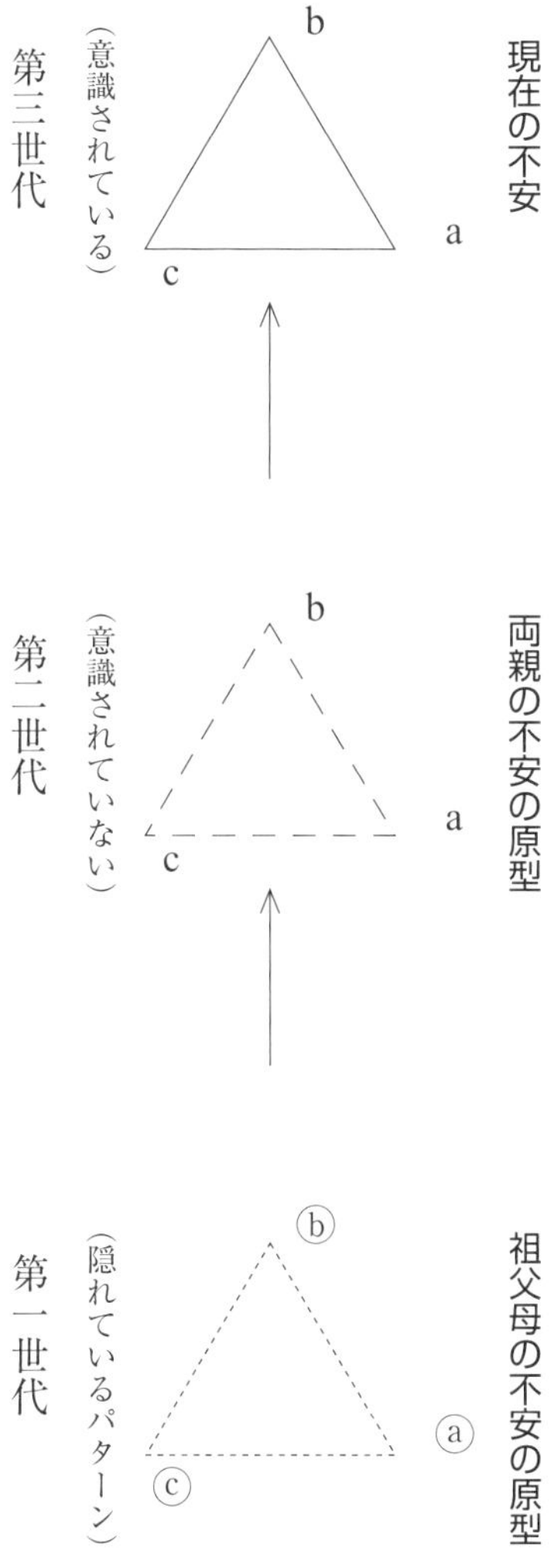

ある三〇代の女性のケースでは、自分が「焦る気持ち」や「不安」が強いことに悩んでいました。しかし、本当に不安定になっていたのは母親だったのです。父親が母親を怒って殴るという家庭でした。しかし、カウンセリングが進むと、実は父親が祖父から何かあ

ると殴られていたことがわかったのです。もちろん祖母も暴力を受けていて、その場面に遭遇した父親はパニックになってしまっていたという構図が浮かび上がりました。

この場合、彼女の「今―ここ」現時点での「不安」や「パニック」のパターンは、本人の「未解決な問題」ではなく、幼いころの両親の葛藤だったのです。彼女の父親の「未解決な問題」の原型が、祖父母の世代の「未解決な問題」にあったのです。前頁の図のように、最初の世代が受けた「未解決な問題」を三角形というパターンに喩えてみました。するとその三角形は次の世代に引き継がれます。そしてそれを受けとった三代目の世代の彼女に三角形という「未解決な問題」のパターンが引き継がれていくのです。

定理3　未解決な問題の「パターン」は世代間でくり返される

もう一つの例を挙げてみましょう。オーストラリアで行なったセッションの事例です。彼女はカウンセラーでした。セッションが終わった後に個人セッションを希望してきました。彼女は「娘との関係で、とても辛い思いをしている」ということです。

「私がいくら心配しても娘はプイと背中を向けてしまう」と言いました。

娘さんは結婚していて二人の子どもがいます。近くに住んでいるのですが、何か些細《ささい》なことで意見が異なると、プイと背中を向けて「お母さんなんか、どうせ私のことなんか……」といって、子どもをあやす姿を見せつけます。そうすると辛くてたまらない、と涙を流して語るのでした。

そこでイスを世代ごとに時系列に三世代ならべてみたのです。最初のイスは、娘が母親（本人）に背を向けて座っています。そして母親（本人）は実母に背を向けて座っています。このパターンを彼女が見たときに、ある洞察が生まれました。

彼女の娘がしていたプイと背中を向ける態度は「実は本人が母親に示していた態度だった」のです。彼女は、母親に背中を向けて二〇歳の時に家を飛び出したのです。

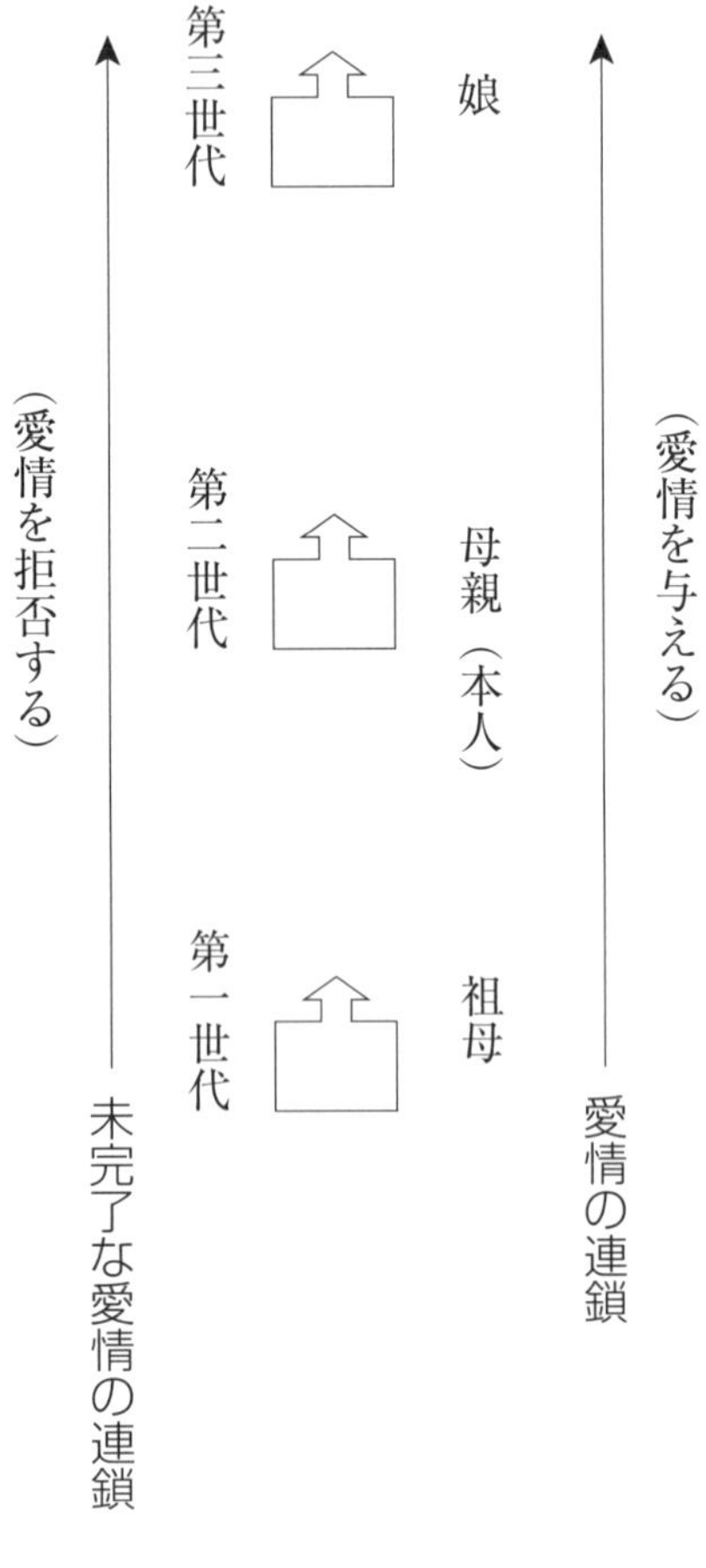

彼女の母親は離婚していて心配性でした。いつも彼女に干渉してくることに耐えられなくなったのです。若くして家を出た彼女は、生活するために結婚をしました。そしてやはり、離婚したのです。そして長い年月を経て、今ようやく娘を手元に置くことができるようになりました。しかし、娘が背中を向けると「辛くなる」のは、彼女が実の母親に示した姿を思い出すからです。本当は彼女の母親も、彼女が背を向けたことで「辛い思い」を

したに違いありません。彼女が母親にしたことを今度は娘が彼女にしていたのです。
愛情を子どもに注ぐという**愛の連鎖は葛藤を生む**ことがあります。このケースのように、離婚したり母娘の愛情の伝え合いが十分に満たされない場合には、**「愛の負の遺産」**として連鎖が起きてしまうのです。

定理４　家族の「未解決な問題」は家族のインパスとして現れる

家族のメンバーの誰かが「未解決な問題」を抱えている場合には、それが家族のインパス（行き詰まり）として現れます。例えば、父親が個人的な感情を家族にぶつけてしまったりすることです。父親の暴力や横暴な振る舞いに対抗することができないと、家族みんなが父親の問題に苦しんでしまうのです。そこで、このインパス（行き詰まり）の状況が何年も続きます。

あるいは母親が十分な愛情表現を彼女の母親から得ることができなかった場合には自分の娘にも十分な愛情表現ができないこともあります。娘は「愛されていない」と母親に怒りを感じたり、寂しさを感じてしまいます。時には母娘の葛藤として現れることもあります。また子どもが学校でいじめにあい不登校になった場合などは、家族全員がその課題に苦しめられ解決策を見出せないインパスに陥ってしまいます。

あるいは家族の誰かが予期しない出来事で亡くなってしまった場合にも起こりえます。全員が悲しい経験していても、その悲しみを避けるために「そのことに触れない」ようにしてしまうことがあります。このような時に**家族は互いの〈未完了〉を気遣ってインパスの硬直状態が続く**のです。無意識にではあるのですが「悲しみ」を共有し、それに「もうこれ以上触れない」という暗黙のメッセージを共有してしまいます。そのことで逆に家族の悲しみは「凍りついた炎」として存在し続けてしまうのです。その「触れない」というパターンあるいは家族が創り出した心理的な構造は、また次の世代へ「愛の負の遺産」として引き継がれていくのです。

定理5　愛の「負の遺産」は意識化されるまで葛藤として伝えられる

家族の問題では、メンバー個人の「未解決な問題」と、家族システムから作り出されたインパス（行き詰まり）としての葛藤とを明確に分離する必要があります。なぜなら、後者は苦しんでいるメンバー個人の問題ではないからです。家族が創り出したインパス（未解決な問題）であるならば、個人の問題ではありません。

同じように、家族が抱えている問題が「今の家族の問題」だとしても、それが家族連鎖によって引き継がれたものである場合には、現家族がそれに気づくことで新しいプロセスが生まれてきます。家族の葛藤の多くの背景にあるのは「家族の問題」ではなく、**「愛情の不足」から生まれた世代間の伝承が絡まっている**のです。

それらのパターンや構造、システムを明確に陽の目に当てることで、引き継ぐ必要のあることと必要のないことが選択できるようになります。**隠された家族のメッセージは、そこに焦点を当てることで意識化されていく**のです。家族のメンバーは、意識化したことで選択することができるようになるからです。

5 身体記憶システム

（1）身体記憶とはなにか

身体記憶とは「人が経験したことを身体が記憶している」ということです。現代の教育では、記憶は「脳内でなされる」と教えられています。それをそのまま信じている人には、このことはとても奇妙に思えるでしょう。それどころか非科学的な態度だと受けとることでしょう。

ところが最近の生理学や脳科学の研究では、「**身体記憶**」の存在を支持するようなデータがたくさん出てきています。科学者でも、身体に目を向ける人たちが多くいるのです。

このような背景から、欧米では「身体心理学（somatic psychology）」という分野が扱われるようになってきています。今までは、心理・精神療法とボディーワーク系とは別々のものとして分離していたのですが、それらを統合した「**身体心理学（ソマティック心理学）**」が中心になりつつあるのです。

近年の欧米の心理・精神療法の分野では、ソマティック心理学が多大な影響を持ち始めています。ソマティック心理学とは、簡単に言えば「**身体と精神**」**を統合した視点で取り扱う心理・精神療法の流れ**です。例えば、次のようなことも解明されつつあり、興味深いことです。

一九八五年に米国の神経生物学者パート（Candance Pert）は、神経ペプチドが脳と免疫系の双方の細胞壁に存在することを明らかにしたのです。神経ペプチドや神経伝達物質などの内分泌物質は、免疫系に直接的に影響を与えるのであり、感情と免疫学との間には密接な関係があると考えられます。感情は脳だけで作り出されるものではなく、全身の細胞で作られている、つまり、私たちの全身が文字通り無意識の心と言えるのです。感情は（肯定的なものであれ、否定的なものであれ）、それが蓄えられている細胞レベルで化学的に生み出されているのです。

（久保隆司『ソマティック心理学』春秋社、二〇一〇年、八三頁）

このソマティック心理学の父といえば、**ウィルヘルム・ライヒ**（Wilhelm Reich 1897–1957）です。日本では「**性格の鎧《よろい》**（character armor）」の概念を導入したことで、精神分析、心理学の世界で知られています。ライヒはさらに「**筋肉の鎧**（muscular armor）」の概念にたどり着きます。つまり、心理的な「性格の鎧」は身体的な「筋肉の鎧」となっていくことに気づいたのです。

ライヒのこの心身一元論の立場はゲシュタルト療法の基本的な理論の背景にもなっています。ライヒは「**感情は筋肉に宿る**」と言ったゲシュタルト療法の最初の精神分析医なのです。

私たちが記憶と呼んでいるものは、どのように記憶されるのでしょうか。彼によれば筋肉に感情とともに記憶されるのです。

ゲシュタルト療法を創設したパールズは、「私たちは身体を持っているというが、それが大きな問題なのだ」といっています。つまり私たちは「私」という人間がどこかにいて、身体よりも「私」という人間が本質的な存在であると思っているのです。それは、身体というものは私以外の何かであって、「私」という上位の何かがあり、身体はその下僕であるとするような見下した考え方です。

パールズは、そうではなく「**身体が私なのだ**」といっています。私たちが「私」を感じとることができるのは身体感覚があるからです。胸の奥で悲しいという感情を身体の感覚（センセーション）として感じるから、「私は悲しい」と認識できるのです。腰や頭の筋肉に痛みを身体感覚として感じるから、「私は痛い」のです。空腹を内臓で感じるから、「私はおなかが空いた」となるのです。

このような立場に立つことができると、身体の意味がとても大きな存在として現れてきます。

定理１　記憶は身体と感情と脳の連合体である

ここで身体記憶ということにもう一度戻りたいと思います。身体記憶とは、「身体が私自身の人生の記憶を宿している」ということです。このように考えると、身体は二つの意味合いとして理解することができるのではないでしょうか。

その一つとしての身体とは、「生の経験の担い手としての身体」です。身体は一瞬一瞬、刻々と生きる経験をしているのです。歩いている人は身体が歩いていることに気づくことができます。それはどうしてでしょうか。

人は右足を一歩前に出した時、血液や筋肉の動きを感じとります。それと同時に、身体内の体内感覚と呼ばれている平衡感覚、身体の空間位置の把握、足の裏の接触などが脳にサインを送り続けます。人は食べている時に食べ物を味覚として体験します。食べ物を噛み砕く振動が脳に伝えられると、数十分後には胃液が活発になるように酸が分泌されます。胃が食べ物を消化し始めると、脳は胃の内部の動きも感じ取り、腸の筋肉がぜん動を始める準備をします。テレビをみて笑っている人は自分の顔の表情筋や唇の動きで笑っていることを経験するでしょう。テレビが悲劇的なものであれば、そのストーリーの展開とともに悲しみに浸っている人は、胸のなかで悲しみを経験しているかもしれません。

二つ目は、身体が経験していることを「身体の一部分である脳が認知する」ことです。人は胸の奥でうずく筋肉のセンセーションを感じて自分の悲しみに「気づく」ことができます。人は指先の痛みに気づき、傷口を見て「指先を切った」ことを認識します。人は自分が「怒っている」ことを認識することも可能です。人は身体のセンセーションから何が起きたかを認識することができる存在なのです。私は私の経験していることの〈意味〉を過去の経験や知識から知ることができます。

これは脳が発達したおかげです。脳の機能は身体が経験していることの〈意味〉を見つけたり位置づけたりしてくれます。それは前に体験した出来事と比較することができるからです。動物は身体の感覚に気づき、行動します。しかしそれは本能として組み込まれた行動です。動物は自分の行動に気づくことはありません。人間だけが、気づいていることに気づくことができるのです。**人間だけが、自分の行動を認識したり、意味づけたり、認知することができる**のです。

エサレン研究所所長のゴードン博士（Gordon Wheeler Ph. D）が、日本ゲシュタルト療法学会の設立のために来日した時、ゲシュタルト療法の理論と脳の関係について話をしました。脳で人が認識することを「経験」とか「体験」あるいは「記憶」と呼んでいます。しかし、最近の脳の研究で分かってきたのは、**身体で経験したことを認識するのは新しい脳の部分**（大脳新皮質）だということでした。人は外部から受けた刺激を神経で脳に伝達します。しかし、脳の新皮質はその感覚の刺激を直接受け取るわけではないのです。感覚を受容する脳内の各部位でこの刺激が受け止められ、その意味を新皮質で「認識する」のです。このために、人は同じ刺激を受けても異なった体験として認識することになります。したがって、同じ経験をしても〈異なった体験〉の出来事として記憶することになるのです。人をきわめて独創的な存在としてとらえていくゲシュタルト療法の視点は、ここにあるのです。

記憶とは〈身体記憶〉と〈脳内記憶〉が連動しているといえます。さらにこの記憶を強化する働きをするのが〈感情〉なのです。強い感動や情動を生命体として記憶するシステムがあるからです。人が喜びや悲しみを感じた出来事は、より鮮明に記憶に残るのです。**感情は身体記憶と脳内記憶を結びつける働きをします**。記憶とは身体感覚（筋肉）と、それを認識して意味づける脳（新皮質）、と身体で湧き上がるセンセーション（感情）の三つが結びついた時に起こります。その意味で、**記憶は〈身体〉〈感情〉〈脳〉の三者連合の結果**といえるでしょう。

定理2　身体は人生の記憶を宿している

人は自分の「筋肉の緊張」に気づきます。その筋肉の緊張に意識を向けて注意をしていると、その**緊張が宿している記憶**に気づくことができるのです。これは〈筋肉の記憶〉と〈感情〉、そしてそれを認知する〈脳〉の三角関係です。

〈私の体験から…身体と記憶〉

これからお話する体験は、二〇一一年、私がロナルド博士（Ronald A. Alexander Ph. D）に受けたセッションの内容です。彼はミルトン・エリクソンから直接に催眠の指導を受けました。そして、ライヒの弟子であるアレクサンダー・ローエンから身体アプローチを学んだゲシュタルト・セラピストです。彼は「身体心理学（ソマティック心理学）」という流れの中で、若い時から学んでいた人物です。

私は「自分の身体と記憶と感情について、みてみたい」と望みました。彼はさっそく私の右腿の筋肉にアプローチしました。左ひざを立てて右ひざを畳につくようにして、右腿を伸ばすように指示したのです。この姿勢は、右の腸腰筋・大腸筋も伸ばすことになります。そこで呼吸を早く口から吸って早く吐くようにと指示されました。呼吸をして二、三分ほどで右腿と右の腸腰筋の筋肉が熱くなりました。彼はそれを感じながら、呼吸を続けるようにと促します。しばらくすると、右腿の筋肉が耐えられないくらい引っ張られて痛く感じたのです。その時私には、子どものころに遊んでいた風景が突然、浮かび上がりました。

小学校の三、四年生のころの出来事です。遊び仲間とケンカして、泣きながら家に戻った記憶が呼び起こされたのです。この記憶は、時々ふと思い起こすことのある場面でした。

近所の子供たちは「黄金バット」か何かの遊びをしていたのです。私は興奮して、年上で一番威張っている男の子に頭突きをしてしまいました。それが彼の鼻を打ったのです。彼は怒って私の頭を殴りました。

私は泣きながら家に帰ったのです。庭に回ると、父が油絵を描いていました。「お父さん！」と泣きながら言った記憶があります。父はそれに答えず、油絵を描きながら私の泣き止むのを待っていました。そして泣き終わった私を見ると、「みんなと遊んでおいで」と優しく言ったのです。その言葉を聞いて、私はまたみんなのところに戻っていったことを覚えています。この場面の記憶は、好きな油絵を描いている父親の落ち着いた雰囲気とともに残っています。


この記憶の後に、私が高校生になって、父親が秋田に転勤した時の場面が浮かびました。父親の部下で相撲取りの経歴のある人がいて、その人が秋田犬を育てていたのです。父親はこの人から秋田犬を譲り受けて家にもらってきたことがありましたが、それが「庭の風景」とともに浮かび上がりました。

私は、その秋田犬を毎日散歩させるのが日課になっていました。ところが父親ががんになり、手術して病院から戻ってくると、この秋田犬は父に近づかないのです。父親は庭先で近づかない秋田犬を優しく見つめながら、「犬は私のがんの匂いが分かるのだよ」と咎《とが》めるわけでもなく私に言いました。それから一年後に父親は亡くなりました。私が二〇歳の時です。

この父親の記憶と私の人生の記憶が交差しました。父親は酒飲みで、毎日仕事の後に酔っ払って帰ってきました。今ならアルコール中毒症に近いかもしれません。中学生の時は福岡に転勤していたのですが、酔っ払うと道端でも寝てしまうので、交番から家に連絡が入り、母親と私は二回ほど父親を迎えに行ったことがあります。

高校生の時は秋田に転勤したので、冬は雪が積もります。門から玄関までの間に父親が寝てしまわないように、勉強しながら起きているのが私の役目でした。細い母親の身体では玄関の外で寝込んでしまった父親を起き上がらせることができないのです。

そのような父親が亡くなると、サラリーマンの我が家は経済的な基盤を全て失ったのです。秋田では、社宅を出て小さな長屋の一軒を借りました。私が大学をなんとか出た時に家族は上京しました。

私は大学を出たのですが、東京のアパートで母親と大学生の弟と三人で住んでいました。そのすぐ近くに、末の弟が間借りしていました。みんな一緒に住むほどの収入がなかったのです。母親は病院で看護の付き添いの仕事を始めました。そのころは病棟のベットの下にゴザを引いて病人の世話をする人が看護婦の他にいたのです。若いころに結核を病んだ母親は力仕事も無理なので、そのような仕事を見つけてきたようです。そのような苦しい生活をしていたことが思い起こされたのです。

私は全てを〈失った経験〉とともに「父親みたいにサラリーマンにはなるまい」と思っていたことを話しました。それと同時に、父親を失うということは家族のみんなの生活が苦しくなることなのだと、身をもって体験したことも話しました。母親は細身の身体で働きましたが愚痴をいったことはありませんでした。そんなことを語りながら「私は長男であるのに母親を守れなかった自分が情けない」と感じていた自分に気づいたのです。

このようなことを話していると、胸筋が緊張していることに気づいたのです。その筋肉の緊張は胸の内側にあります。その胸の真ん中から、水のような〈液体〉がゆっくりと流れだしたのです。それは胃の辺りに溜まっていきました。胸の中の筋肉の固まりがゆっくりと胃のほうに移動した感覚です。その胃の辺りの筋肉の動きの感覚を意識していると、

「池に落ちた記憶」が突然に甦りました。子どものころに毎日遊びに行っていた溜《た》め池です。小魚が取れたので、網竿《あみざお》でいつものように採ろうとした時に、バランスを失って頭から池に落ちたのです。

私は恐怖というよりも回転しながら沈んでいく自分を感じとっていました。何回か身体が回転すると、今度は頭が水の上に浮かび上がりました。一緒にいた弟か友達が網竿を差し出してくれたので、つかまりました。

このことを話していると突然、胃の中にそのときに飲み込んだ泥水が溜まっている感じがしました。胃の筋肉が軽い〈痙攣《けいれん》〉を起こしたようです。その痙攣とともに、胃袋の中にたまっていた泥水が食道から喉元に上がりだしたのです。おもわず〈ゲッ〉と嗚咽《おえつ》すると、その泥水が口から畳の上に出たのが見えたのです。

私は大人になってから、この池を見に武蔵小杉の町にいったことがあります。しかしその周辺には、もはや子どものころの面影はありませんでした。ビルやマンションになってしまっていたのです。

私は、この溜め池がとても好きでした。近所の子どもは原っぱとこの溜め池で遊びまわる毎日だったのです。その自然を失ってしまいました。都会の中には、そのような場所はもう残っていませんでした。この〈失う〉ことの空しさが父親を想い起こさせたのでしょうか。父を失うことと、幼いときの遊び場の空間を失うことが、私の身体記憶として交差していたのです。

私の身体の記憶は「楽しかった喜び」の人生と「失った悲しみ」の人生とを交差させながら、「父親の記憶」と「子どものころの記憶」が互いの人生の意味を織り成してきたことを伝えてくれたのです。

身体には、まず①「**生の経験の担い手としての身体**」があります。子どものころに泣いたり、ケンカしたり、怪我をしたり、笑ったり、食べたりしたことを筋肉に宿していきます。

そして身体の一部分である脳には、身体が経験したことの意味を教えてくれる②「**認知機構のコンテキスト**」があるのです。「父親のようなサラリーマンになるまいと決意したこと」とか「母親を守れない自分の悔しさ」や「家を失うことの辛さ」や「自然の中の生活の楽しさ」など、私の人生観を創り上げることになった経験を身体と感情と脳で記憶して大人となって生き続けていきます。

このように、身体と感情と脳の関係を見れば、「脳が全てのコントロールの中心である」という視点には無理があることが分かります。むしろ私たちの記憶は〈身体〉→〈感情〉→〈脳〉と連動してはじめて意味ある経験になっていくのです。

定理3　家族の隠されたメッセージは身体記憶として世代伝承される

ここでは家族連鎖がテーマです。身体記憶と家族連鎖はどのような関係があるのでしょうか。家族というシステムの中で、親の価値観や人生観はどのように子どもに伝えられるのでしょうか。あるいは親が解決していない〈未完了〉なことや〈未解決な問題〉が次の世代にどのような形で伝承されていくのでしょうか。〈私〉という個人的な人生観や身体記憶は、家族システムの中でどのような形で子どもに引き継がれていくのでしょうか。

もちろん言葉による言語体系のコミュニケーションで「私の人生観や体験を家族の中で話して伝える」ことは可能です。しかし心理・精神療法の分野では、言葉による伝達よりも身体表現による**非言語体系のメッセージの方が強い影響を与えている**ことが知られています。

（2）ミラーニューロンの存在意義

今、もっとも注目されているのが**ミラーニューロン**の発見です。ミラーニューロンとは、人の身振りや表情を「鏡のように真似る」ことのできる、脳にある神経のことです。ミラーニューロンは、一九九〇年代初頭に、イタリアのリゾラッティ（Giacomo Rizzolatti）、フォガッシ（Leonaldo Fogassi）、ガレーゼ（Vittorio Gallese）によって発見されました。

親の価値観や人生観を〈身体〉で共感する時に働くのが、このミラーニューロンなのです。このミラーニューロンと脳のしくみについて、簡潔な解説書から引用してみましょう。

人間のミラーニューロンは、単なる動きを真似する神経細胞ではなく、他者の身振りや表情を自分の中に再現することで、気持ちや心理までも読み取っているのでは、とも考えられている。

（高島明彦監修『面白いほどよくわかる脳のしくみ』日本文芸社、二〇〇六年）

言い換えるならば、人間はこのミラーニューロンがあるおかげで**他人の気持ちや相手の置かれている状況を身をもって「共感」することができる**のです。子どもは親の動作や姿勢、動きを見て〈真似ること〉で、その時の感情の意味や仕草、動作の意味を理解することができます。もう少し明確に言うならば、親の伝えている意味を身体で学びとるのです。

例えば両親が、子どもに言葉で表現しなくても、「私の人生は悲しい」とか「人生は戦うものだ」、「人を信用するな」と感じて生きているとします。すると、子どもは**親が無意識に感じている人生観を身体メッセージとして受けとる**のです。ミラーニューロンを通して親を真似ることで、身体的な共感を体験することができるのです。

したがって、親（母親か父親）が自分の子どもに無意識に発する非言語体系のコミュニケーションはとても深く伝わります。そして子どもは大人になると、次の世代に身体表現をしてこれを伝承させるのです。

ミラーニューロンが家族のメンバーの一人ひとりの脳にあるおかげで、会話（言語的コミュニケーション）に頼らずとも、子どもの姿勢や動作、表情から感じていることを母親は読み取ることができるのです。もちろん嬉しいことも〈共感〉できるし、家族のメンバーの悲しみや怒りを〈共有〉することもできるのです。

「子どもは親の背中（姿）を見て育つ」という格言があります。子どもが親の姿を文字通り「真似てみる」ことで親の心情を共感できるのはミラーニューロンをもっているおかげなのです。

〈第三の因子〉

「家族の彫刻」では、場の空間での座る位置を決定する因子として〈距離〉と〈方向〉という二つのベクトルを示しました。**〈身体〉あるいは〈姿勢〉は第三の因子です**。この三つ目のベクトルを加えることで家族の「未解決な問題」を理解できるようになるのです。

記憶が〈身体〉と〈脳〉と〈感情〉の連合体であるなら、記憶は三次元で成り立っていることになります。別な言い方をすれば、〈未完了〉なことや〈未解決な問題〉は、**三次元的なものとして場の空間に存在している**のです。

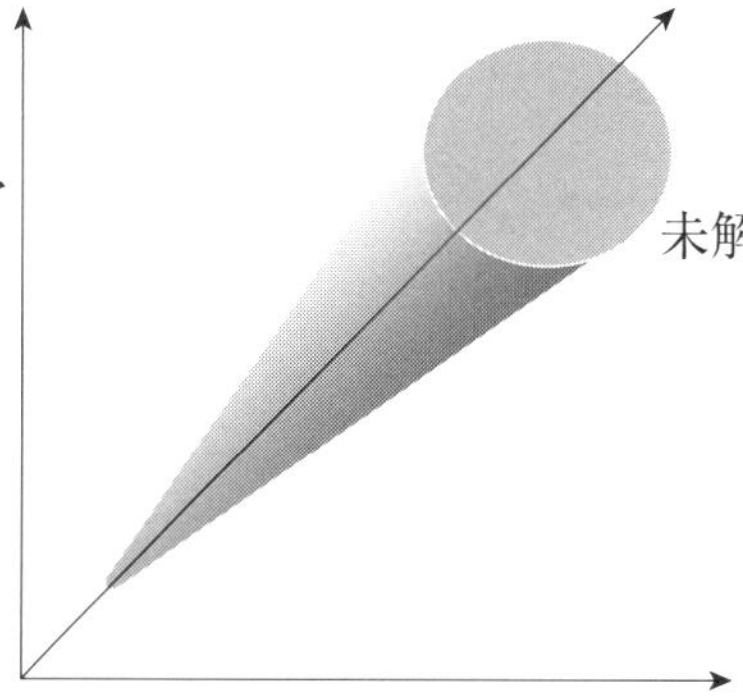

家族連鎖は〈未完了〉なことや〈未解決な問題〉を世代間連鎖させるのですが、三つの因子によって「今―ここ」にそれを浮かび上がらせることができます。家族連鎖は、この三つの因子によってアプローチできるのです。

（1）エンプティチェア（家族の彫刻）により〈距離〉と〈方向〉で家族の関係性を表す
（2）空間に〈時系列（世代）〉を加える
（3）身体記憶の伝承による〈姿勢〉〈身体〉をみる

〈親の人生観を継承する〉

ミラーニューロンと身体記憶のことについて考えていた時に、ある光景が思い出されました。それは私の娘が四、五歳の時のことです。ある朝、私はいつもより少し早めに家を出ようとしていました。家族が起きないようにふとんからそっと抜け出して背広を着て玄関の方に向かっていた時です。

「お父さん、またぁゴルフ！」という娘の声がしました。

その声を聴いたときに私の足は凍り付いてしまいました。それというのも娘の声はとても低く、ゆっくりと私に話しかけているのですが、母親そっくりな口調だったからです。しかも「また、無駄使いをして‼」となじる時の声がそこに覆いかぶさっていました。まさに母親にそっくりだったからです。私はハッとして立ち止まり、振り向くと娘がふとんから私の姿を見ていました。

「どっ、どどっ、して分かったんだ？？？？」

と私は心の動揺を押さえながら頭の中でつぶやいていたのです。しかも娘はゴルフとは何かを知りません。私がゴルフに行く時は月に１回程度でしたが、臨時のポケットマネーが入ったので家族に悟られないようにわざわざ仕事に行くふりをしていたのです。

それなのに「どうして分かったんだ？」と狼狽《ろうばい》してしまいました。娘が私を見ている目つきと「またぁ～」という声が、私の背中に〈声無しの音〉として重く響いてきました。

これは私の姿がいつもと違っていたからでしょうか。それとも忍び足だったからでしょうか。嬉しさを抑えて悟られないように猫背で、こそこそ出ていこうとしたからでしょうか。いずれにせよ娘は、父親のこのような姿を見て、すぐに母親が非難がましく「またぁ、ゴルフ」と言う場面であることを学んでいたのです。

これは母親が娘に意識して教えたわけではありません。私の姿と母親のやり取りを見て、娘は「このような姿勢で歩く時は冷たく非難するもの」という母親の価値観をコピーしていたのです。これは娘にミラーニューロンがあるからです。「このような時はこんな気持ちで、このような声で父親を冷たくあしらう」という家族の構造を身体で身につけていたのです。娘は四、五歳にして家族の価値観、というか母親の価値観を身につけていたのです。このようにして娘や息子は、母親や父親の価値観や人生観を引き受けていきます。

「家族の彫刻」で見えてくる家族の人間模様は〈距離〉と〈方向〉でかなり分かります。そこに〈身体記憶〉を加えると、現在の家族のインパスはもちろん、時にはその前の世代の〈未完了〉な事柄が浮かび上がることがあります。以下、これを二つの例で見ていきたいと思います。

ケース⑬　悲しい体験を共有する家族

山中俊夫さんは四〇代のビジネスマンです。ある時、仕事に行くことができなくなりました。彼は一年くらいして復帰したのですが、半年後にまた「うつ病」を再発してしまいました。そこで今回は自らカウンセリングを受けたようです。その関係で私のワークショップに参加して来ました。

家族を配置してもらいました。彼は結婚していますが子どもはいません。家族とは、もとの家族のことです。父親と母親と姉と彼の四人です。そこで配置された家族は輪になって座っています。輪になってというよりも、四人で「丸い空間」を囲んでいると表現した方がいいでしょう。

その四人の役割をしてくれる人を彼にグループから選んでもらいました。そして家族のメンバーの一人ひとりの〈姿勢〉を彼の指示でとってもらいました。各人の役割をしてくれる人は、その〈姿勢〉を身体感覚で感じとるように伝えました。

しばらくすると母親の姿勢をとっていた人が「悲しみ」を感じると伝えました。父親は「声が出ない」と言いました。姉と彼も「丸い空間」の真ん中を覗き込むような姿勢をとり続けています。まるで家族がその空間に吸い込まれるのを防ぐように両手を畳についています。

彼はその後、両親と姉を含めて家族と話し合ったようです。そこで分かったことは、彼には長男がいたことです。このことは知っていたのですが、幼くして亡くなったので詳しいことは親から聞いていませんでした。

父親の実家に家族で戻った時に幼い長男は囲炉裏《いろり》に落ちて大やけどをしました。それが原因で亡くなったのでした。彼はまだ生まれていませんでした。

家族はその不幸な出来事については言葉にしなかったようです。それでも母親の悲しみは家族に伝わっていました。父親の苦悩は「実家に連れてさえ行かなければ」という自責の念です。それを家族に表現してこなかったのです。しかし母親や姉はそれを身体感覚で十分に感じとっていたのです。

このように家族は、言葉で話し合わずともお互いの姿勢や表情、声のトーンから身体で共感し合っているのです。幼かった彼ももちろん、この家族の悲しい体験を〈共有〉していたのです。もしかしたら彼は仕事や社会において「自分だけが成功してはいけないのだ」と心の奥で感じていたのでしょうか。自分が兄の代わりになれないことを責めていたのでしょうか。いずれにしても「家族の隠されたメッセージ」が明るみに出たことで動き出すような気がしています。

このように家族のインパスは**意識化されることで新しいエネルギーが吹き込まれていきます**。

二つ目の事例は家族連鎖と身体記憶の連鎖についてです。とても明確なことが、時には意識化されないことで「隠された力動」となってしまうことがあります。

ケース⑭　隠された力動

一条盛行さんは肩こりと偏頭痛に悩んでいて、「家族のことと関係がありそう」と自ら身体の症状と対話を希望しました。彼の言う家族のこととは、跡取りとしての息子と父親としての彼の関係でした。息子は大学を出て仕事に就いたのですが「家を継ぐ気はない」と言ってアメリカに転勤したまま戻らなかったのです。「娘は二人いるが男でなければ……」と語りました。

現在の家族の関係性をみるために「家族の彫刻」を作ってもらいました。そこで見えてきたことは息子さんが「背を向けて」いることです。父親と母親は二人で並んで前の方向を見ていますが、息子はその前のところに座って〈前〉を向いています。結果として両親に背を向けて座っていることになります。

その息子の姿を見ていると「イライラしてくる」とのことです。「息子さんはいくつですか」と聞くと、「三〇歳になった」とのことです。「昔ならとっくに跡取りをしているのに」とぼやきました。私は家の跡取りにこだわっている本人に「跡取りというくらいですから何代くらい続いているのですか」とたずねました。彼は即座に「19代です」と応えました。

そこでその19代の祖先の人になってもらう人を選んでもらいました。今の彼の家系から現在に近い5代までは一人の人が一役割をするようにしてもらいます。その先は数世代ごとに一人の人が一役割として並んで立ってもらいました。

そして彼にそれぞれの世代の人がどのような〈姿勢〉で立っているのかを指示してもらいました。一条家を建てた人はキリリとした姿勢で立っていますが、さまざまな世代ごとにラインから外れたりした人も入り乱れています。最近では祖母が一条家を建て直したとのことです。その前の世代はラインから外れた人や座り込んだ人もいます。

そこで私は「それぞれの世代の人が伝えているメッセージを一言で述べてください」と一人ひとりに伝えました。例えば、本人〈の役の人〉は前に立っている息子を見て「イライラする」とか「しっかり跡を継げ」というようにです。

一条家を立て直した祖母は嫁に入ってきた女性ですが「私がしっかりしなければ」

と身体を直立不動にして立っています。その横にはラインから外れた祖父がのんきに「頼むよ、おまえ」と頼って寄りかかっています。

もちろん5代以上前の祖先の人たちは見たことも会ったこともない人たちです。しかし、数世代ごとに一条家を立て直したり、一族を繁栄させて親族を増やした人は「語られて」いたのです。そこで分かってきたことは、一条家を立て直した人たちは「立派な人」として一族から認められ、他の祖先は「ダメな存在」として扱われていたことです。

私は、代役の人たちに「一斉に言葉を発声するように」と指示しました。すると立て直した世代組は大きな声で「しっかりしろ」、「頼むぞ」と叫び、ないがしろにされた世代は「どうせ……」「まあ、なあ……」と呟きました。19世代が並んで叫んだり、呟く声はお経を唱えている念仏のように部屋の中で共鳴し出したのです。

その念仏のような声を聴くと、彼の偏頭痛と肩こりは痛み出しました。そこで彼は、「私は一条家を繁栄させるようなことはしてこなかったのです」と語り出しました。無意識に彼は、自分をないがしろにされた世代の人たちと同一化していたのかもしれません。それでも代々続いた家を絶やしたくないと思っていることを祖先の人たちに伝えました。すると、念仏のような声は少しずつ収まっていったのです。もちろん「しっかりせよ」と叫ぶ声も柔らかく響きはじめたのでした。

今後、この体験がどのように息子との親子関係に影響するのか、とても楽しみになりました。それにしても、世代ごとの身体記憶の連鎖は、まるで「心の遺伝子」がこの世に存在していて、ＤＮＡのように「人生の体験」が次の世代に伝わっていくかのようでした。

むすび

祖先を見つめるまなざし

1 ある屋台での出来事

ある金曜日の夜に、福岡の屋台で、私はビールを飲んでいました。泊まっていたホテルのカウンターで「屋台で美味しい店がある」と聞いて来たところです。初夏の夕方だったので、夕涼みしながらのビールはまた格別でした。私はカウンターに座って、ビールをぐい飲みすると、おでんを注文しました。

私の後ろの席では、もうサラリーマンが四〜五人酔っ払っています。二〇代後半から三〇代前半の若者たちです。

「そやからな〜」とか「ワイの言っていることはなあ〜」という声が聞こえてきました。

一人の若者が、現場の人たちの声を同僚に伝えようとしているみたいです。

その同僚は「そんなことを気にしているから、この会社は大きくならないんや〜！」と怒鳴り返しています。

二人の若者の声は鼻息が荒くなりました。「これは面白い！」と、私もほろ酔い気分で成り行きを見ています。

この若者たちのやりとりを屋台のオヤジさんも聞いているようです。彼の態度は、とても自然な感じです。酔っ払った若者に過剰に反応するわけでもなく、無関心な感じでもありません。オヤジさんには余裕があります。「うむ、おぬしできるな！」と内心思いました。

「このやろう！　俺が主任になったのが悪いんか」

突然、大きな声で酔っ払った同僚が叫びました。彼は大声を出した勢いに乗って「このやろう」と立ち上がり、若者の髪の毛をつかみました。

するとこの屋台を手伝っていた若夫婦の旦那が走り寄り、ケンカを止めに入ったのです。

「えっ、止めるなよ」と、私は独り言のようにつぶやきました。せっかく「若者たちが盛りあがってるのにさ」と思いました。

すると屋台のおばあちゃんがニコニコ笑いながら、私に焼酎をついでくれました。「うむ、おぬしもできるな！」と、心の奥で敬服しました。

屋台の若夫婦はウロウロしています。しかも若旦那はケンカを止めに入ってしまいました。むしろ、このケンカの仲裁が、彼らをますます興奮させてしまったようです。

バシッ、と頭か顔を叩く音がしました。

叩かれた若者は、怒りを現わすどころか、よろけている同僚に手を貸して自分の肩に彼の腕を寄りかからせたのです。そして、「今日は帰ろうや～」と言ってみんなと駅に向かいました。

「ふむ、福岡の若者は熱い」と感動しました。

それにつけても屋台の老夫婦の心の余裕というのでしょうか、客をあるがままに自由に振舞わせている態度に感心したのです。

「今夜はいい日だったなぁ」と、私は千鳥足で宿泊しているホテルに戻りました。

私はその後も、この福岡の屋台の出来事を時々思い起こしています。それは人間について、とても象徴的なことを教えてくれるからです。

人は無意識に演じられる役割があるからこそ、その役割にふさわしいポジションを個人がとることができるのです。

〈場のリーダー〉屋台のオヤジさん

このオヤジさんは「何も言わず」にラーメンとおでんを作ります。若者のケンカに無関心なわけではないのですが動じないのです。場のリーダーの役割は、その場を安全に確保することです。若者がケンカしても、周囲の人間や関係のない人たちを巻き込まないように静かに見守ります。

会社や職場では上司に期待される役割です。会社や職場に関係している取引先などでは、社会的あるいは経済的な問題が起こるものですが、それに動じないで対応できる人材がその場のリーダーを担います。

家族であれば、それは父親の役割です。あるいは、男性の役割です。子供が問題を起こしたり、ケンカした場合でも、毎度それに細かく関わりません。しばらく見守りながら、自分たちで問題を解決できるかどうかを見定めるのです。

〈場のサポーター〉 屋台のおばあちゃん

おばあちゃんはニコニコ笑いながら若者のケンカを見ています。状況を判断して、客の私たちにも「動じる必要はない」ということを態度で示してくれました。同時に客が浮足立たないように、屋台を守るためにもビールや焼酎をついでくれたのです。「まあ、若いうちはいいじゃないの」というメッセージを出しています。

日本の会社では、年上の人がこの役割を期待されます。家庭では、母親がこの役割を行います。時には家族の誰かの体調がすぐれない時、ストレスが高い場合に、「気を遣ってあげなさいね」と他の家族に伝えたりします。

〈救済者〉屋台の若夫婦の旦那さん

何か問題が起こるとすぐにそれを収めようとします。グループのもめごとやトラブルがあると、問題を解決しようと動きます。ところが〈急いで対応する〉ので、その場に居た人たちは〈何か緊急事態〉が起きたのではないか、というメッセージを受けとってしまいます。結果として、グループの人々の緊張感や不安を煽《あお》り立ててしまうのです。

家族の中では、近所のオバサンたちがこの役割を演じます。また幼稚園や小学校の保護者の集いでも、このような人が現れます。

〈当事者〉若者二人

彼らは、屋台の場の中で最もエネルギーが高い人です。飲みながら、二人の間にある葛藤を解決しようとしています。一人が職場全体の〈場を配慮した立場〉や〈意見〉をとります。それに対抗して、もう一人は〈反逆児〉の役割を演じます。

家族では、女性（母親）が男性（父親）に、「みんな（家族）のためよ」と、娘や息子たちに関わることを要求します。それに対して男性（父親）は、「俺は仕事が忙しい」と家庭の中で反逆的になります。あるいは家庭の中の出来事に無関心を装います。

このような構造的な役割が、家族の中で自然な形でつくられている場合には、メンバーの一人ひとりが満足感を持つだけでなく、社会へ向けてもオープンな関わりができるようになります。

〈時系列〉祖父母から若夫婦、そして孫たち

福岡の屋台の家族は、きっと自分たちのしていることに満足を感じていることでしょう。そしてそれぞれが、互いの役割を演じている自分の責任感を誇りに思っていることでしょう。それをこなす家族のメンバーの一人ひとりの能力にお互いが敬意を表していることでしょう。もちろん、口下手なおじいちゃんは、そのようなことを言葉で伝えたりはしないでしょう。おばあちゃんが若夫婦を認めていることは十分に伝わっているはずです。また若夫婦の明るい顔がそのことを伝えています。

この屋台には、孫も来ていました。小学生の低学年の子どもたちもラーメンを食べながら親の行動を見守ります。食べながら、おじいちゃんとおばあちゃんが示した存在感も子どもたちの記憶に残ることでしょう。

＊

私は一年後に、再びその場所に行ってみました。しかし、なんとそこに屋台はありませんでした。この家族に何が起きたのでしょうか。オヤジさんが病気になったのでしょうか。あるいはおばあちゃんが亡くなったのでしょうか。……そんなことを考えながら、屋台のあった場所に立ち続けていたのです。ふと足元を見ると、永い年月の流れを教えてくれるかのように、調理の後の油の染み付いた赤レンガが残っていました。

私は足元の赤レンガに残る油の痕跡をしばらく見つめていました。その場所は、いつもきれいに掃除されていたことが分かります。最近付いたような油の後ではなく、うすく残っています。彼らはここで、きっと何年も屋台を続けて子どもたちを育ててきたのでしょう。

2

身体は愛に向かって動く

私が足元の赤レンガを見つめていると、九州とは反対に位置している北海道の襟裳岬《えりもみさき》に行った時の、町の風景が甦りました。襟裳岬には、札幌から日高線で最終駅からバスで乗り継いで到着しました。その前の日に終点の一つか二つ手前の駅で宿泊したのです。駅を降りると、本当に「駅前旅館」という名前の木造の旅館がありました。もう二〇年ほど前の話です。

この町で二日ほどぶらぶらしていたので、散歩がてらにお寺の中に入りました。そのお寺の庭の横に坂の小道がありました。小高い丘に続く坂の小道を登りながら歩いていると、足元にたくさんの石仏があることに気づきました。お地蔵さまのような石仏は、形も大きさも異なるのです。しかし、その石仏から振り返ると、海を望むことができます。明治時代の仏なのか、大正時代の仏なのか分かりませんが、顔かたちの輪郭が消えかかっているほどです。

一つひとつの顔や姿が異なるということは、特定の人間が備えたものではないということでしょう。もしかしたら、それは村の風習だったのかもしれません。誰かが亡くなると、家族は漁に出て行く人たちを見守るために、石仏を〈守り仏〉として坂の小道に置いたのかもしれません。お寺はむしろ、そのような土地に後の時代になって建てられたようにも思えたのです。

私たちは何かを見守ったり、見つめたりします。人は旅先で訪れたお寺や神社で、家族の安全や幸せを祈ります。あるいは小高い丘に登り、眼下の家々の屋根を眺めながら、故郷の家族を思い起こしたりします。

もしかしたら、私たちの目の奥には石仏があるのかもしれません。私たちは目の前に現れる風景や出来事、人物を通して、遠くの家族や先祖を思い描くのかもしれません。私たちの心の奥にいる石仏は、本人が知らない家族の〈隠されたメッセージ〉を受け止めていることがあります。

ケース⑮　引き寄せられる力

横峰加代子さんは看護師です。彼女は次のように話してくれました。

私は特に家族との関係で問題はないのですが、家族との関係について理解してみたいと思うのです。私は最近になってお付き合いをしている男性がいます。

しかし、その男性の方と私の家族には何か関連があるような気がしています。というのも、その人に会った瞬間に〈運命の出会い〉を二人とも感じたからです。何か見えない糸に導かれたような感じです。

しかし、私は迷っています。その男性を好きであるとは思えないのです。それなのに、私の手（左手を動かす）が何かをつかんで引き寄せてしまうのです。

私の家族は母がしっかり守っています。男性は家では存在感を示さず外で好きなことをしているタイプです。父親は休日でもパチンコにぶらりと出てしまいます。兄は自分の好きなことをやっています。

祖母はやはり家を切り盛りしてきた女性です。夫を早く亡くしたので女手ひとつで家をまとめ、私の父を育てた人です。その祖母の頑張りを今の母がしています。そのような母を祖母が選んだのです。

したがって、母が夫（父）と兄を自由気ままにさせているのが分かる気がします。私は母のように、男の人を立てて家を守るのが女の生き方だと思っていました。

そこで私は、彼女に「家族の彫刻」を作ってもらいました。そしてそれぞれの位置に、代理人を立てて座ってもらったのです。家族の中心には、やはり母親がいます。母親の前に彼女がいて、後ろに祖母がいます。父親と兄は、その枠の外にいます。祖父は祖母の横に置くことにしました。

母親の位置に座ると〈中心〉を感じます。家族を背負ってみんなの面倒を見ていて満足感を感じとれます。父は自由な解放された気楽さがあります。兄は好きな方向に向いていていて人生を楽しんでいます。

祖母はすでに亡くなっていますが、自分の成し遂げた人生に満足しているような感じです。

ここまでは、どこにでもある日本の家庭の風景を反映しているようでした。しかし、祖父の席に座った代理人は、身体が震え出しました。そして静かに涙を流したのです。もちろん、その代理人が祖父を知らないのは当たり前ですが、横峰さんも会ったことがありません。何が起きてきたのか、とても不思議な感覚が生まれました。

「無念だ〜」

と涙を流しながら、祖父の代理人は叫びました。

そこで横峰さんに、祖父が若くして亡くなった理由を聞きました。

「戦死をしたのです」

と答えてくれました。

そのように答えながら彼女は、「運命の出会いの意味が分かりました」と言って、こう続けました。

お付き合いをしている男性は、私の家族と同じだったのです。私が運命だと感じたのは、このことでした。彼の母親はやはり家族のすべての面倒をみていたのです。私はどこかで同じ家族の匂いというのでしょうか、家族の記憶というのでしょうか、それが重なり合っていたのを肌で体感したのです。

私の祖母は戦後の貧しい時代に〈すべては女が頑張るしかない〉という見えないメッセージを母へ伝え、そして母は、それを私に伝えようとしていたのです。

そして、若くして戦死した夫の無念さも受け取っていたのです。祖母の胸の中には戦争という誰もが抵抗することのできない時代の犠牲になったことへの無念さが伺えます。戦後の復興のなかで「あなたが生きてれば仕事に生きがいを見出したことだろうに」と、仏壇に手を合わせたことでしょう。「もし生きてさえいたら、好きな趣味も楽しむことができただろうに」とつぶやいたことでしょう。「今、生きていたら自由に野山を歩いたことだろう」と夫と対話してきたのでしょう。

そして夫ができなかったこと、手に入れることのできなかった〈自由〉を、自分の息子に与えてあげようとしたのです。

母はそれを引き継ぎ、男たちを〈自由〉にさせています。横峰さんは「私は前の夫のことで、夫の面倒を見すぎて彼の母親になってしまったことに今は気づいています」と語りました。

この事例で、私は家族連鎖の一つの側面が見えました。身体は〈愛に向かって動く〉ということです。いみじくも彼女が述べたように、身体が相手を引き寄せるのです。

私たちは無意識的に、無自覚的に、石仏のように「何かを見つめている」のです。時には、それは遠い祖先でもあります。時には、都会に出て行った子どもたちです。時には、亡くなった親でもあるのです。私たちは何かを凝視するわけではありません。それらを、見るとはなく見続けるということです。

3 家族連鎖が伝えてくれるもの

ケース⑯ 亡き母に再会する

藤沢京子さんは、この二週間ほどで二回も同じ体験をしたことを話してくれました。

それは、〈亡くなった母に会った〉ことです。最初の時は、電車の中である女性が話しかけてきました。その電車の中で、私は「この人は母だ」と直感的に思ったのです。それは車窓の外に蝶が飛んでいたからです。とても奇妙なことを言っているように思いますが、なぜかそのように思えたのです。

それから一週間ほどして郊外の山里を歩いているときのことです。小さなお店が一軒ありました。そこを通りかかると、おばさんが「寄っていきなさい」といってお茶を出してくれたのです。そうしていろいろと話をしてくれたのですが、「ああ、母が来ている」と思えたのです。その時も蝶が飛んでいました。とても大きなアゲハ蝶でした。

私は母の死に目には会えなかったのです。それがとても心残りでした。母親と一緒に住んでいたのですが、ある日、買い物に行くと言って、そのまま戻りませんでした。家族で探したのですが分かりませんでした。三日か四日して警察から連絡がありました。近所の公園で倒れて病院に運ばれた、とのことでした。身元を証明するものがなく、時間がかかったということでした。

一人で倒れている母を思い起こすと、「辛かっただろう」「寂しかったのだろう」と思います。私は父が不慮の事故で亡くなった時も、その死に目に会えなかったのです。せめて母は看取ってあげたいと思っていたので、とても残念でたまりませんでした。私は長い間、母親と父親のこのような死に方については、人に語ることができませんでした。

それが、この二週間の間に「母が来た」ことを感じたのです。なぜ、そのように感じたのかは分からないのですが、はっきりと「そうだ」と思えるのです。

このように、涙を流しながら語っている彼女のいる部屋の窓辺の外を、再び蝶がひらひらと通りすぎていきました。

〈愛情を伝えるためのシステム〉

私たちの目は〈動き〉ます。私たちの目は、鷹の目のように常に動いています。目は止まることはありません。もし、目の動きが停止してしまったら物や形が見えなくなってしまうからです。

私はゲシュタルト療法を学び始めたのと同時期に、フェルデンクライス・メソッドを始めました。それは、身体の動きから脳の神経を発達させるためのものです。そのトレーニングの講師であったカール・ギンズバーグ博士は、次のように述べています。

「もし（私が眼を）何も動かさない状態で、しばらく網膜に像が残っているように自分を固定したら、もう何も見えないでしょう」。

そして私たちは、眼に映っている形、色、大きさを見ているのではないのです。見たいものを選別して選んで見ているのです。もし私が自分の部屋の窓にある「何か」を見たときにそれが「本」であったとしましょう。私は見たものを意味づけたり、発見したり、選別したりして「本」として知覚するのです。ギンズバーグ博士は、また次のようにも述べています。

「つまり私の知覚は、特定のものを見るために組織化されているのだといえます」。

このように考えると、藤沢京子さんは、「母親」を見る心の準備ができた時に「母親に会えた」といえるでしょう。また横峰加代子さんは、「運命と家族」を見たいと望んだ時に「家族のパターン」が記憶の底から浮かび上がってきたのだといえます。

家族連鎖は、決して「負の遺産」の連鎖ではありません。**家族という人間の根源にある「愛情」を次の世代に伝えるためのシステムなのです**。私たちは常に石仏のように静かに家族の記憶を想い起こしているのです。そして時には、家族の創り出した〈未完了な〉事柄を見つめることもあるのです。

※

私はある朝、朝陽を浴びながらいつものように起きるわけでもなく、数分間ほどふとんの中でまどろんでいました。何気なく寝返りを打ちました。その時に左目のまぶたが少し開いたのです。すると小川のせせらぎが見えました。

小さなせせらぎです。水がとても澄んでいます。

このとき、私は幼い女の子が植物に話しかけたということを信じることができました。私の娘がダンゴ虫と話し合っていた世界を垣間見ることができました。そして、一瞬の泡のように、また現実の生活に戻ってしまったことが、少しばかり残念でもありました。

参考文献

◇基本文献

池見　陽『心のメッセージを聴く』講談社現代新書、一九九五年
池見　陽『僕のフォーカシング＝カウンセリング』創元社、二〇一〇年
傳田光洋『第三の脳――皮膚から考える命、こころ、世界』朝日出版社、二〇〇七年
高島明彦『面白いほどよくわかる脳の仕組み』日本文芸社、二〇〇六年
サンドラ・ブレイクスリー、マシュー・ブレイクスリー『脳の中の身体地図――ボディ・マップのおかげで、たいていのことがうまくいくわけ』（小松淳子訳）インターシフト、二〇〇九年
大木幸介『脳がここまでわかってきた――分子生理学による「心の解剖」』光文社、一九八九年
頼富本宏監修『ブッダを知りたい』学研パブリッシング、二〇一一年
西原克成『内臓が生みだす心』ＮＨＫブックス、二〇〇二年
徳永貴久監修『どんどん目が良くなるマジカル・アイ』宝島社、二〇〇四年

モーシェ・フェルデンクライス『脳の迷路の冒険――フェルデン・クライスの治療の実際』（安井武訳）壮神社、一九九一年
Carl Ginsburg; BODY-IMAGE, MOVEMENT AND CONSCIOUSNESS (Published in final form in *the Journal of Consciousness Studies*, 6, No. 2-3, 1999, pp. 79-91.)

◇家族・グループ関係の文献

井上ウィマラ『人生で大切な五つの仕事――スピリチュアルケアと仏教の未来』春秋社、二〇〇六年
E・キュブラー・ロス『死ぬ瞬間』（鈴木晶訳）中公文庫、二〇〇一年
バート・ヘリンガー『脱サイコセラピー論』（西澤起代訳）メディアアート出版、二〇〇九年
バート・ヘリンガー『愛の法則――親しい関係での絆と均衡』（小林真美訳）和尚エンタープライズジャパン、二〇〇七年
ケン・ウィルバー『インテグラル・スピリチュアリティ』（松永太郎訳）春秋社、二〇〇八年
青木聡、久保隆司、甲田烈、鈴木規夫『インテグラル理論入門I――ウィルバーの意識論』春秋社、二〇一〇年
ジョン・ブラッドショウ『ファミリー・シークレット――傷ついた魂のための家族学』（香咲弥

須子訳）青山出版社、一九九五年

◇ゲシュタルト療法関係の文献

日本ゲシュタルト療法学会『ゲシュタルト療法研究』創刊号、二〇一一年

久保隆司『ソマティック心理学』春秋社、二〇一一年

F・S・パールズ『ゲシュタルト療法――その理論と実際』（倉戸ヨシヤ監訳）ナカニシヤ出版、一九九〇年

百武正嗣『エンプティチェア・テクニック入門』川島書店、二〇〇四年

百武正嗣『気づきのセラピー――はじめてのゲシュタルト療法』春秋社、二〇〇九年

Perls, F. S.; Hefferline, R. F.; and Goodman, Paul; *Gestalt therapy*; Calif. The Real People Press, 1969

Bo Lozoff, *We're all doing time*; Hanuman Foundation, 1985

Abraham H. Maslow, *Maslow on Management*; John Wiley & Sons, 1998

Ansel L. Woldt, Sarah M. Toman, *Gestalt Therapy*; Sage Publication, 2005

James I. Kepner; *Body Process*; A gestalt Institute of Cleveland Pubulication, 1987

おわりに

この本は「家族連鎖とは何か」ということを問いかけるものです。それは同時に「家族とは何か」と問いかけることでもあるのです。私はゲシュタルト療法という個人の責任を問う心理療法を、二五年もの間、こつこつと続けてきました。そのなかで、私はいつの間にか年齢を積み重ねていることに気づきました。

ゲシュタルト療法は、日本ではまだあまり知られていない心理療法です。しかし欧米諸国では、セラピストやカウンセラーならば誰もが基本的なものとして学んでいるものです。医療制度に組み入れられていたり、保険点数としても認められている国が多いことも、ゲシュタルト療法が広まっている理由の一つにあげることができるでしょう。

しかし日本では、ゲシュタルト療法を教えられる人が少ないことや、教育するための制度が確立されていないことから、ゲシュタルト療法が広まっていません。そのため、私は二〇一〇年一月、日本ゲシュタルト療法学会を設立しました。現在は会員が約二五〇人ほどで、全国各地には一〇以上の団体が活動しています。これからは、少しずつですが、日本でも広まっていくことが期待されています。

私が「家族連鎖」について書き始めた理由は、このゲシュタルト療法のもう一つの側面を知ってもらいたいからでもあります。

ゲシュタルト療法は個人の人生に焦点を当てていきます。そのため個人の人生の背景になっている家族というテーマが必然的に浮かびあがってきます。家族という集団システムと個人の生き方の関係が、多くの人の課題でもあることに気づいたからです。そして家族の葛藤や対立の奥には「お互いが支えあうシステムがある」ということを、多くの人に気づいてもらいたいという思いが、本書の筆を進めていくエネルギーとなりました。

〈気づき〉とは、治療や癒しのためだけにあるものではなく、むしろ創造的な側面に触れたときこそ輝きを発するものです。実際、海外のゲシュタルト療法家には芸術家や哲学者など、心理学とはあまり関係のない領域で活躍している人たちが多くいます。これは、ゲシュタルト療法の持っている領域がそれだけ広いことの証でもあるのです。

個人としての人生に〈気づき〉を持ち込むことで、エネルギーに満ちた、とても豊かな人生や日常生活を送れるようになっていくことを願っています。

人は生まれ、家族に育てられます。家族は当たり前のように「愛情」を次の世代に伝承していきます。そしてまた、それを受けて次の新しい世代へと伝達していくのです。この連鎖が〈家族連鎖〉の本質です。人は集団に所属した生き方をする哺乳類です。その哺乳類は自分の所属する家族という集団を守るために「感情」というものを進化のプロセスで獲得しました。その感情の源は、家族メンバーに「愛情」という強い絆を生み出すためのシステムでもあったのです。

しかし、その愛情の絆が〈未完了〉であった場合には何が起こるのでしょうか。それらが「未解決な問題」として家族のメンバーに残ってしまうと、負の連鎖としての家族連鎖が起きてしまうのです。本書では、それらの具体的なケースを取り上げてきました（本書に登場する人名はすべて仮名です）。

また仏教では「業《ごう》」という言葉があります。俗に「カルマ」とも呼ばれていますが、人は人生の行いに応じて果報が生じ（因果応報）、それは死によっては失われず、子々孫々にまで伝えられていく、という一種の宿命論的な思想（業報縁起）です。さらに日本では、家の祖先を大切にする習慣があり、代々のご先祖を敬うために位牌を祀り、お盆や年忌法要を営み、亡くなった人の命日に墓参りをするなどの風習も根づいています。これらは日本の風土に根ざしたもので、家族の負の連鎖にどのように対応すればよいかという東洋の深い智慧でもあるのです。

私は、家族の負の連鎖というものを「カルマ、業あるいは、先祖、前世」というような言葉ではなく、心理療法の立場から眺めるとどのような理論になるだろうかと考えました。それが「家族連鎖」という言葉であり、表現でした。このような表現によって、従来の伝統にとらわれない新しい世界観が生まれてくるように思います。

そして、言葉や表現は時代によって変化していくものですが、家族の本質はそれほど変わるものではありません。家族はこれからも変わらず、「愛情」を新しい世代へと伝えていくことでしょう。

二〇一二年　六月

百武正嗣

著者紹介

百武正嗣（ももたけ・まさつぐ）

1945年、新潟生まれ。中央大学理工学部卒。1979年、カリフォルニア州立大学大学院心理学科卒。帰国後、（財）神奈川県予防医学協会で健康教育にヨーガ、心理学を取り入れる。現在、日本ゲシュタルト療法学会理事長。NPO法人ゲシュタルトネットワークジャパン（GNJ）理事長。日本フェルデンクライス協会理事。東京理科大学非常勤講師。ゲシュタルト療法を広めるために全国で「気づきのセミナー」を開催し、ゲシュタルト療法にフェルデンクライス・メソッドを取り入れたリラクセーションを指導している。著書に『ライオンのひなたぼっこ』（ビーイングサポート・マナ）、『エンプティチェア・テクニック入門』（川島書店）、『気づきのセラピー　はじめてのゲシュタルト療法』（春秋社）。

◇ゲシュタルト療法を学ぶ人のために

NPO法人GNJ事務局　http://www.gestaltnet.jp　連絡先 03-5724-4406

日本ゲシュタルト療法学会事務局　http://www.ja-gestalt.org

家族連鎖のセラピー　――ゲシュタルト療法の視点から

2012年7月15日　第1刷発行

2025年3月15日　第3刷発行

著者©＝百武正嗣

発行者＝小林公二

発行所＝株式会社　春秋社

〒101-0021　東京都千代田区外神田2-18-6

電話　(03)3255-9611（営業）　(03)3255-9614（編集）

振替　00180-6-24861

https://www.shunjusha.co.jp/

印　刷＝株式会社　シナノ

製　本＝ナショナル製本協同組合

装　幀＝美柑和俊＋中田　薫

ISBN 978-4-393-36061-3　C0011　　Printed in Japan

定価はカバーに表示してあります

百武正嗣

気づきのセラピー

はじめてのゲシュタルト療法

1870 円

「いま―ここ」の自分に気づくことで心と身体を統合するゲシュタルト療法の基本をわかりやすく解説。セッションの具体例や、気づきをもたらすさまざまなアプローチを満載。

室城隆之

「生きづらさ」を手放す

自分らしさを取り戻す再決断療法

1980 円

今の自分にふさわしい「再決断」をし、苦しみや生きづらさの元である「脚本」から自由になる道を探る。交流分析とゲシュタルト療法を融合した再決断療法、初めての入門書。

ジョン・リアリー＝ジョイス／陣内裕輔訳

ゲシュタルトコーチング

豊かな虚空

3960 円

ゲシュタルト療法をコーチングに応用。パフォーマンスやウェルビーイングを高め、可能性を開く実践書。あらゆる瞬間、経験、関係性において自分らしく在ることの意味とは。

L・ローゼンバーグ／藤田一照訳

〈目覚め〉への3つのステップ

マインドフルネスを生活に生かす実践

2530 円

３段階で「気づき」への深め方を具体的に示唆し、瞑想の極意を伝授する。内容説明とQ＆Aの形式で、日常における実践への疑問もカバー。これから瞑想をはじめる方にも。

S・W・ポージェス／花丘ちぐさ訳

ポリヴェーガル理論入門

心身に変革をおこす「安全」と「絆」

2750 円

常識を覆す画期的理論、初邦訳。哺乳類における副交感神経の二つの神経枝とトラウマやPTSD、発達障害等の発現メカニズムの関連を解明、治療の新しいアプローチを拓く。

ピーター・A・ラヴィーン他／花丘ちぐさ訳

ソマティック・エクスペリエンシング入門

トラウマを癒す内なる力を呼び覚ます

2970 円

身体に閉じ込められた過去＝トラウマのエネルギーを解放する革新的トラウマ療法。サヴァイヴァー、トラウマケアに関わる人に贈る希望のビジョン。世界100万部ベストセラー。

久保隆司

ソマティック心理学

3850 円

深層心理学の流れをたどりつつ、さまざまなボディサイコセラピー、ボディワークを総説。現代科学の知見も取り入れつつ、心身のつながりを統合的に探究する「心身統合マップ」。

D・ショート他／浅田仁子訳

ミルトン・エリクソン心理療法

〈レジリエンス〉を育てる

3850 円

レジリエンス――それは失敗から回復する力。人生をリハビリテーションの連続と呼んだ天才的セラピストの「希望の方法」に迫る。エリクソン財団研究者による名著ついに邦訳。

※価格は税込（10%）